葛琳卡著

整全心靈醫治系列

曠野之旅

生命中的情緒更新

▼

整全心靈醫治系列

曠野之旅

生命中的情緒更新

作者

葛琳卡 Katherine Kot

責任編輯

李慧儀

裝幀設計

奇文雲海 · 設計顧問

■

出版 / 發行

基道出版社

香港沙田火炭坳背灣街 26 號富騰工業中心 10 樓 1011 室

LOGOS PUBLISHERS

Unit 1011, 10/F, Fo Tan Ind. Centre, 26 Au Pui Wan St., Shatin, Hong Kong

電話：(852) 2687-0331 傳真：(852) 2687-0281

網址：https://www.logos.com.hk

承印

陽光 (彩美) 印刷有限公司

●

5/2007 初版 5/2008 二版

Cat. No. LP626-2B

ISBN: 978-962-457-361-9

刷次	14	13	12	11	10	9	8	7	6	5
年份	2032	2031	2030	2029	2028	2027	2026	2025	2024	2023

獻給神

呼召我去寫

指引我如何去寫

將榮耀歸給這最終的作者……

自序

我抱著戰兢的心情去寫這本書，如果由我來選，我可能不會採用靈修材料的形式來寫作！然而，一開始是神的感動：要透過祂的話語，編成一個生命旅程，幫助讀者經歷生命的更新。透過神的話語去更深的認識神、認識自己，其實也是我的生命經歷。這些經歷糾正了我根深柢固的錯誤觀念，醫治了我過去的傷痕，也突破了我與神關係中的幔子。

這本書可以與《情緒四重奏——同行生命中的憂怒哀樂》一起併用：一方面從心理學的角度來明白和掌握自己的情緒，了解自己的防衛機制如何阻礙了你與神及人的關係，以致未能經歷神的醫治和幫助；另一方面從聖經的角度，糾正對神的錯誤觀念，更加認識神、體驗祂的大能，以及如何依靠聖靈的帶領去活出豐盛的生命。除此之外，也希望幫助讀者更新靈修的操練：更加開放自己內心的世界給神進入，與神有深度的對話，也學習去聆聽神的聲音。

整全心靈醫治系列是基於拉法基金的異象，藉著三個階段的課程，幫助情緒困擾者經歷神的醫治：第一階段是基於《情緒四重奏——同行生命中的憂怒哀樂》；第二階段基於這本書；第三階段基於《生命更新的醫治——與耶穌共渡生命中的憂怒哀樂》。

我也誠意邀請你參加拉法基金會所舉辦的整全心醫治系列課程，這些課程，可以讓你與其他同路人一起看書、上課及討論。若想查詢開課時間或其他詳細資料，你可瀏覽基金會的網頁www.raphahk.org。若你未能抽空參加課程，亦可購買講座的DVD於家中觀看。

希伯來－基督教傳統看心是整個人的核心，身體的中心，影響著人的身，思想（mind）、靈與魂。[1] 因此，東正教（Eastern Orthodox）的作者強調，聆聽並不是用腦袋去進行的，聆聽是將我們的思想沉澱（desend）於心中，[2] 當我們用心去聆聽時，才能進入與神及人的深交（communion）。因此，我們需要學會如何去明白和保守我們的心去聆聽神，不致如以色列人一樣變成硬著心的百姓：「聖靈有話說：你們今日若聽他的話，就不可硬著心，像在曠野惹他發怒、試探他的時候一樣。」（來三7～8）

現代的心理學研究告訴我們，情緒是整個人的核心，影響我們的思想、行為、認知、意義、信念及自我意識。因此，情緒可以成為我們明白自己的心的其中一個途徑。情緒包含了我們的內在情感、動機和認知，將我們很多內在資料顯露出來，因此，我們需要去聆聽自己內心微小的聲音，學習去接納和意識自己的情緒。一旦我們採用否認、壓抑、理性化等防衛機制，我們就容易陷入「硬著心」的狀況，未能將我們內心完全打開讓神動工，連自己也被蒙騙在內。所以，這本書從三種基本情緒入手，以恐懼、哀傷和憤怒作為主題，幫助讀者明白自己的內心世界，進而突破情緒的困擾和轄制。本書上半部分首先用以色列人出埃及作為背景，藉著以色列人在曠野四十年的飄流之旅作為借鏡，反省自己對神的信心。我們是否也如以色列人一樣，不斷懷疑神的慈愛。下半部則以新約教導及我的親身經歷作為引導，幫助讀者反省自己生命中的雜質，嘗試依靠聖靈的能力，學習遵守神的話語，讓神在心中動工。

第一至二十天：如何面對恐懼的情緒

恐懼令我們的心對神產生疑惑，不敢去完全相信祂、倚靠祂，而未能與祂建立親密的關係，未能放下自己的智慧和控制，走在祂的真道上，將祂作為生命中的主人。

第二十一天至三十天：如何面對長期哀傷自憐的情緒

這哀傷的情緒由內心缺乏安全感而起，我們需要離開不敢獨立的恐懼，從倚靠他人改為依靠聖靈的大能大力。不怕面對困難，改變舊的行為模式，活出新的生活模式，嘗試披戴基督，活出真我，不再被自己的情緒所捆綁。

第三十一至四十天：如何面對長期容易動怒的情緒

這些憤怒的情緒乃是由掩飾自己的脆弱和哀傷而起，我們要離開怕被別人取笑或傷害的恐懼，學習去經歷神和人的安慰。嘗試倚靠神而不倚靠自己，經歷在基督裏的自由，不再批評自己，也不論斷別人。從接納自己的軟弱，去真正經歷神的大能，學習放下自己的保護牆，去更深經歷神的愛，不斷的獻上自己，無論任何景況，仍然靠主喜樂。

我希望與你們分享我所明白和體驗的經歷，感染你們一起追求。神給我豐豐富富的福氣，祂也願意賜福給你們，願我們一同經歷基督的愛是何等的長闊高深，充滿我們；體驗基督復活的大能充充足足地成就一切，超過我們的所想所求（弗三18～20）。撰寫此書，對我自己有很大的幫助，透過寫的歷程，聖靈的教導和指引，使我對如何活出被聖靈掌管的生命有更清晰的了解，令我對一些不同的概念有更融匯貫通的理解，也使我更深認識神及領悟屬靈的事情。整個寫作的過程，神的應許和信實真的非常實在！祂應許每天給我嗎哪，而我的責任是去等候和領受；在過程中，祂給我看見自己的疑惑；也教導我不可用自己的智慧，要跟隨聖靈的指引；也經歷了如何負耶穌的軛，因為祂的軛是容易，祂的擔子是輕省的（太十一29～30）。當我以自己能力去完成這本書時，我所背負的擔子使我勞累，當我將擔子交給神，我只是按祂的指示去做，寫作的過程便變得輕省和容易。我相信寫這本書最大的得益者是我自己，我相信當我們願意誠實地面對每一段經文，去與神對話，生命的改變，在此刻開始！

葛琳卡
二〇〇七年春
於香港心悅坊心理中心

1. Dietrich Bonhoeffer, *Letters and Papers from Prison*, ed. Eberhard Bethge (New York: Macmillan, 1979), 346.
2. Igumen Chariton, *The Art of Prayer: An Orthodox Anthology* (London: Faber & Faber, 1966).

致謝

八年曠野之旅是神一份上好的禮物，藉此讓我可以活出豐盛的生命。其中祂差派了不同的使者，在旅程中成為我的幫助和同行。首先多謝 Prof. James Houston，他是我靈修神學的啟蒙老師，也是引導我走上這生命的旅程的屬靈導師。感謝我在美國的教會洛杉磯國語浸信會主任牧師鍾世豪牧師給我的支持和教導，也感激教會在我這段讀書裝備的過程中，經濟上不斷的支持；凌頌恩牧師的鼓勵和關愛；Mr. Teo Choo Soo 對我經濟的支持和愛顧。

也感謝神所差派一位維真神學院的同學 Karen Hendrickson 與我一起共赴洛杉磯開展這個旅程，她也是我屬靈的禱告伴侶，與我一起成長；Biola University 的兩位師姐：Amber Sarpy 和 Joanne Henk ，她們給我學習上的幫助和指導；Biola University 的兩位老師：Prof. Beth Brokaw 和 Prof. Marcia Stroup 的支持和幫助。

我也感謝神為我預備生命成長小組的成員：何善斌牧師、吳雅婷姊妹、黃韻妍姊妹和黃佩芳姊妹，讓我們成為彼此扶助，互相問責的同伴。

我也感謝洛杉磯國語浸信會給我事奉的機會，讓我成為大專團契和愛團（高中、初中）的導師。與這羣可愛的年青人一起成長，讓我從他們身上了解自己，也更深明如何靠著主的恩典事奉。也多謝神為我預備了一羣有心志的導師：張白曄、雷世錦、陳小偉夫婦、李開國夫婦及范兆麒夫婦，他們給我很多的支持和同行。其中特別感謝雷世錦姊妹親密的同工，給予我很多幫助。

最後，也多謝很多曾經同行的朋友和教會弟兄姊妹的關愛，在這裏不能盡訴。寫這本書的過程裏，在神學和聖經的問題上，蒙何善斌牧師很多指點，也藉此向他致謝，同時也鳴謝李文玉牧師在靈修的建議。

目錄

曠野之旅

曠野的旅程是預備我們被神使用的重要歷程：摩西在曠野牧羊四十年後，神才呼召他去帶領以色列人出埃及；耶穌在曠野被魔鬼試探四十天後，才開展祂的工作；保羅有三年的時間在沙漠靜修被神教導，才開始傳道。

回望自己在洛杉磯的八年光陰，很深感受到那是我生命中的曠野。除了洛杉磯的樹木一般都是啡啡黃黃，令那地方似是一塊乾旱的沙漠之外，當時我也是處於一無所有的環境中，面對著自己生命中的雜質，神藉著不同的處境去讓我正視我的黑暗面。剛搬去洛杉磯時，已經很不喜歡這地方，那兒並不是我憧憬的陽光花園、出產新奇士橙的加州，心想完成兩年的婚姻家庭治療課程後，便可離開此地。但是神並沒有讓我離開，原來祂有祂的心意，要在這個地方更新我的生命，裝備我成為祂的器皿。起初，我並不知道那是我的曠野之旅，我只很深感受到自己到了一個乾旱沙漠之地；後來，我才開始意識到這是我生命中的曠野，也漸漸明白神在裝備我以後的事奉。

醫治生命的歷程，是點點滴滴累積而成的，並不如醫治身體般，對症下藥便能藥到病除。生命尋獲醫治，結果不是立時變成另一個人，而是踏上一個旅程：藉著神的真理照亮我們扭曲錯誤的觀念，幫助我們檢視自己深層恐懼所導致的罪；因著神愛的寬恕和聖靈的能力，去學習放下舊的模式，遵行神的真理而行。

逗留在曠野的時日，長短因人而異，但是當時候到了，神便會讓你知道，祂會帶你離開曠野，呼召你去開始下一段事奉的旅程。最重要的，是你能明白曠野中的苦難是有神的美意的。你不會再如以色列人般埋怨所受的困苦，而是去檢視自己的生命，在目前的困苦處境中，究竟自己要負上甚麼責任，以及學習如何靠著神的能力去增加承擔苦難的能力。回望我在曠野之旅所行過的路（參本書〈跋〉），最終，會向神發出會心的微笑和衷心的感激。正如神所應許的：「流淚撒種的，必歡呼收割！」（詩一二六5）祂必擦去各人臉上的眼淚，又除掉普天下百姓的羞辱（賽二十五8下）；因為祂要使我們的悲哀變為歡喜，並要安慰我們，使我們的愁煩轉為快樂（耶三十一13）。

旅程指引

旅程開始之先，首先要檢視自己的心態。如果我抱著看看這本書有甚麼新意，而不願意去誠實回應所帶出的問題，那你所得到的幫助是有限的。如果你發現自己每遇到反省問題便總是想避而不答，那麼，你在心態上可能正逃避面對自己的一些問題。你可以祈禱，求聖靈光照你，使你明白自己在逃避甚麼，也求神給你勇氣和力量去面對！

如果你抱著渴慕神的心態去開始這趟旅程，你會暗暗期待：神會怎樣透過這本書向我說話呢？只要你願意向神敞開你的心，接受神給你的信息和引導，你會可能有驚訝的新發現。你只管容許神去改變你生命的任何部分，以及帶領你去任何方向，學習用順服和遵守的心去回應神。如果你願意對神完全開放你的內心，這個旅程可能是一個難忘的經歷——它將帶你與神相遇！

博迪什博（Signa Bodishbaugh）指出，在旅程中，我們應記下並好好保存神對我們所說的話。她認為神對我們所說的這些話，就好像我們去旅行時所拍的照片和所買的紀念品，是我們旅程的珍貴回憶。[1] 因此，旅程之先，我們要先預備好我們的照相機。一般的信徒都知道聖經就是神的話語，要好好保存，熟讀記在心中。但是除了聖經外，神也會對我們每一個人說話，因此，預備一本記事簿把神的話語或帶領記下，以致我們可以「記念他奇妙的作為和他的奇事，並他口中的判語」（代上十六12～13）。

除了記下神的說語之外，也可以寫下我們向神說的心底話，這本記事簿就成為一本與神對話、交流的紀錄，可以稱之為靈修札記／日誌或禱告札記，又或者你可以為它起一個特別的名字，來代表你與神的關係。寫靈修札記對我很有幫助。我的靈修札記陪伴我經歷了生命中很多起起跌跌、高高低低的旅程，自從我在維真神學院攻讀靈修神學時，就已開始使用它，它也陪我踏上了生命醫治和改變的旅程。如今我的靈修札記成了神在我生命中大小作為的見證者，也是藉著寫札記，我開始了與自己的對話，也經歷了如何與神對話、聆聽神的聲音。因此，我也希望邀請你加入這個旅程的行列，一起見證和經歷神的大愛與大能。

當我翻看過去所寫的札記，無意中看到以下的一段話，連自己也忘記了曾寫下這些句子，如今再看，心仍受感動，所以節錄下來與你分享，希望也感染你願意開始這心靈的對話：

> 接受自己是一件痛苦的事，尤其自己又不像童話故事裏的公主那麼完美無瑕。但是，在一個夏天的下午，我感受到神以祂的慈愛去接納我，就在這聖靈感動的一刻，突然，我決志跟隨神走我以後的道路。雖然以後的道路並不會是平坦易過的，但是，在種種的崎嶇波折困難中，神就奇妙地改造了我。

> 感謝神，今天我所有的一切，都是出於祢恩典的手。雖然現在的我尚未被雕塑得完美，以後的路相信將會更難行，但是「只要靠著神，一切都已夠用了」。記得當初就憑著祢的應許，毅然投身於團契的事奉，因未有經驗，加上在團契日子又淺，心情又驚又怕，惟恐不能勝任。當中實在有很多虧欠和可以做得更好的地方，但是，感謝神祢又平安帶我走了半年的路。

我也會把我的夢、我的心聲、代禱、神對我的説話、給我的靈感、新的理念和在屬靈書籍中讀到的精警句子記到靈修札記中。佩恩（Leanne Payne）建議用活頁的記事簿來寫禱告札記，[2] 這樣便可以把不同的資料分類存檔：神的話語、讚美和感恩、代求、個人的請求、及寬恕。我自己則較喜歡用不同顏色的線去劃分，以資識別。也有些人喜歡用錄音的形式來作靈修紀錄，因為錄音比寫字更方便及省時。但是，我卻發現寫的過程可以延緩日常的急促生活節奏，幫助我們安靜進入內心深處，也方便重溫和整理自己紊亂的思緒，所以，古老的筆錄方式確有其可取之處。

學習與神對話，首先需建立一個慣性模式，以致容易提醒自己，並可以成為生活習慣的一部分。因此，在一個固定的地方敬拜神、與神溝通，是非常重要的。當我在美國進修期間，從書本上明白要到在自己家中設立一個敬拜神的地方的重要性，於是我在房間的一角放置一個十字架、一枝蠟燭、一張牧羊人抱住小羊的照片及一些我喜歡而又能令我想起神的愛的小擺設。每當我看到這一角小天地，便令我想起要到這裏去禱告、與神溝通。後來我搬了去另一個地方，有好幾年的時間，我的房間外面有一個露台，我喜歡坐在露台的沙灘椅上，安靜地與神會面，回想起來，那真是我與神一段很寶貴的回憶。在一個恬靜及陽光煦煦的環境裏，帶著我的靈修札記、聖經和一杯飲品，在祂的懷中休息和等候！

回到香港之後，已經沒有這個露台。起初，我找了一個地方擺放有助提醒我敬拜神的擺設，但是這地方旁邊卻並沒有足夠的空間，讓我可以設置一個與神溝通的特定地方，以致我未能穩定地去享受這個與主相會的時段。後來，經聖靈的提醒後，我重新安排房間的家私，特別去購買一張會轉的藤椅，放在房間的窗邊，這就成為我與神溝通的地方。每一次回到自己的房間，我就很喜歡坐在這張椅上，聽聽敬拜的詩歌，閱讀聖經或屬靈書籍，寫我的靈修札記。

希望你也可以在旅程的開始之先，為自己預備一個敬拜和與神相會的特定地方，這地方會每一天提醒你要去到神的面前。至於時間方面，有些人喜歡晚上，有些人則喜歡早上，視乎你的精力在哪個時段最旺盛，你可以按你的生活習慣去編排與神相會的時間。就算你不能每天都親近神，也不要因而過度內疚，以致放棄靈修。與其內疚難過，不如去到神的面前，將你的問題告訴祂，讓祂幫助你，解決你的困難。如果你每天的靈修時間不足以讓你完成此書所設定的一天的靈修材料，你可以分兩天或數天完成，只要你對神有一個開放的心，神必會使用我們與祂相會的時間。

---

1. Signa Bodishbaugh, *The Journey to Wholeness in Christ: A Devotional Adventure to Becoming Whole* (Mobile, AL: Journey Press, 2003).
2. Leanne Payne, *Listening Prayer: Learning to Hear God's Voice and Keep a Prayer Journal* (Grand Rapids, MI: Hamewith Books, 1994).

靈修指引

這本書不只是一本提供每天靈修材料的靈修書，更是一本可以與《情緒四重奏——同行生命中的憂怒哀樂》一併使用的輔助工具書。《情緒四重奏》讓讀者從心理學的理性層面去認識、處理及轉化情緒；而這本書則從靈修的感性層面，讓神的話語去更正我們對神的錯誤觀念，更深體驗神的愛、更深認識自己及人的罪性，以致我們可以選擇放下自我防衛或保護的模式，不再活在捆綁中，經歷在基督裏為我們預備了的豐盛的生命！讀者也可以獨立使用這本書來靈修，但由於對自己內在的恐懼、哀傷、憤怒及防衛機制未有深入的了解，所以效果可能未如一併使用般理想。

全人投入的靈修心態

很多基督徒（包括我自己）往往抱著一個觀望的心態去靈修：打

開聖經，看看今天從靈修裏可得著些甚麼。參加崇拜也是一樣，聽聽牧師的講道有甚麼新的論點／意念沒有，看看可以得著些甚麼！「看看我可以得著些甚麼」，是現代香港人的普遍心態：不想去付出，只想自己可得到甚麼；這是因為不願意太投入，不想有太大的失望：不知道神會否向自己説話？！然而，抱著這種對神疑惑的心態不能遇見神，只能觀看神，因那根本不是生命的接觸和交流。

我們需要將我們整個人帶到神面前，就好像遇見久未遇見的知心友，將我們所發生的事、感受和需要向祂敞開。告訴祂內心的恐懼、掙扎、矛盾和一些不敢告人的祕密。將我們真實的自己帶到神面前，神也會更真實的讓我們去經歷祂，明白祂的心意，感受祂的愛和聽到祂的聲音。這就是真正的與神相遇。靈修能否令你得著甚麼，有沒有甚麼奇異的經歷，已經不再重要，正如約伯所説：「我從前風聞有你，現在親眼看見你。」（伯四十二5）

研讀聖經

神的話語是生命的糧（約四32），使我們屬靈生命得到餵養，並且因我們信耶穌是基督，是神的兒子，而得生命（約二十31）。因此，我們是從神的真道而生的（雅一18），由於聖經是「神所默示的，於教訓、督責、使人歸正、教導人學義都是有益的，叫屬神的人得以完全」（提後三16～17上）。因此，當我們對神的話有所懷疑，不能完全相信或接受祂的話語，我們便未能完全經歷祂所應許的新生命。神的話是不能廢去的（約十35），人也不能加添或刪減神的話（申四2），所以我們需要認真對待神的每一句説話，要存溫柔的心領受那栽種在我們心中的道（雅一21）。

禱告

面對禱告，很多基督徒也是抱懷疑的心態，不清楚神有沒有聽他們的禱告。有時禱告蒙應允，非常雀躍感恩；有時卻石沉大海，毫無消息，心感困擾。因此，禱告時便有種買六合彩的感覺，不知那次禱告會否得蒙應允。這個心態其實反映了禱告者對神沒有足夠認識，所以不肯定神是否聽禱告。

神必會聆聽我們的禱告，這是祂的應許，因為祂有豐盛的慈愛。耶穌說我們在地上的父母雖然不好，尚且知道拿好東西給兒女，更何況是天父（路十一11～13）？祂更願意將天上的福氣傾倒而下（結三十四26），所以，我們若向父求甚麼，祂必因耶穌的名賜給我們，叫我們喜樂得滿足（約十六23～25）。然而，我們感到祈求不蒙應允，不是因為神不聆聽禱告，我們去反省是否出於以下的因素：

1　**我們的禱告缺乏信心**。「你們禱告，無論求甚麼，只要信，就必得著。」（太二十一22）禱告的能力源自於信心，「復活在我，生命也在我。信我的人雖然死了，也必復活；凡活著信我的人必永遠不死。你信這話嗎？」（約十一25～26）因此，禱告神的過程，是操練信心的功課，神在乎的，往往不是事情順利與否、效果如何，而是透過等候的過程去操練我們對祂的信心。所以我們禱告之前，留意心中是否有微小聲音質疑禱告會否有效，需要立刻認罪，重申對神的信心，不然這質疑會影響我們禱告的力量，甚至有時會令我們不想去禱告，怕再次失望。

2　**我們沒有遵守神的命令**。若我們不遵守神的命令，我們所求的，也不合神的心意，神便不垂聽。並且，神透過這個祈禱等候的機會，向我們說話，令我們明白禱告未蒙應允是因為我們不遵守神的指示去做，而這就證實神已聆聽我們的禱告：「我若心裏注重罪孽，主必不聽。但神實在聽見了；他側耳聽了我禱告的聲音。神是應當稱頌的！他並沒有推卻我的禱告，也沒有叫他的慈愛離開我。」（詩六十六18～20）因此，神再三告訴我們：「我們一切所求的，就從他得著；因為我們遵守他的命令，行他所喜悅的事。」（約壹三22）

3 **我們沒有按照神的旨意祈禱**。「我們若照他的旨意求甚麼，他就聽我們，這是我們向他所存坦然無懼的心。既然知道他聽我們一切所求的，就知道我們所求於他的，無不得著。」（約壹五14～15）所以，我們要求聖靈顯示給我們知道，讓我們更深刻明白神的旨意。我們若按自己心意去祈求，而神沒有照我們的意思去做時，那並不表示神沒有聽到我們的禱告。在人與人相處的關係中，我們往往不容易分辨問題是出於自己還是別人，我們很容易將自己的掙扎投射到別人身上。以一位很容易憂慮、常常為小事與兒子爭吵的母親為例，她可能一直祈求神改變兒子的態度，她也會因自己不能控制憤怒情緒而感內疚，祈求神寬恕她。然而，事情一直沒有改變，兒子仍然跟自己吵，自己依然發脾氣，她會感到神沒有聆聽她的禱告。其實問題並不在於態度，而是母親那種過分憂慮的情緒，令她對大小事情都容易挑剔，對兒子太囉唆和太多要求，導致兒子感到煩厭而態度變差。但是，母親沒有意識自己這個問題，祈禱時亦沒有尋問神究竟問題出在哪裏。她只是按自己的心意去祈求，而神沒有應允她所求的，反而透過其他的渠道來讓這位母親明白問題出於自己容易挑剔、太囉唆和太多要求的性格，以致她能夠作出改變。神往往用祂的旨意和方式來回應我們的祈求，但是因為我們被自己的想法所局限，未必能夠洞察神其實已聆聽我們的禱告。有時，過了一段時間後再回望，我們才明白神當日的苦心，其實祂已經將祂認為最好東西和安排賜給我們，只是那刻我們並不領會神的心意。

4 **我們的祈求出於自私的心態**。神因愛我們的緣故，不會因我們的祈求而去成就不義的事，聖經告訴我們：「你們得不著，是因為你們不求。你們求也得不著，是因為你們妄求。」（雅四2下～3上）對神來說，祈禱往往是一個讓我們省察自己的機會，神藉著不應允我們的祈求，不改變我們的外在環境，使我們仍然停留於困難中，以致我們在尋求神的過程中，聖靈引導我們去反省自己的心態，因而只有改變自己，最終成就神的旨意。因為神最關心的是我們內心對神的心態。最終，禱告的著眼點不是可以從神身上得到多少好處，或為神做多少事奉，而是我們所依靠的，是神的能力還是自己的能力？我們所追求的是神，還是祂的能力？藉著禱告，我們可以更認識神，更明白祂的旨意，更經歷祂的愛，更依靠祂的能力。而我們的屬靈生命也因此得到更新，我們更能認識自己的罪性，更明白自己的需要，更體會自己的限制，以致我們可以將自己的整個生命交託給祂。

因此神最終要求我們的是：「要常常喜樂，不住的禱告，凡事謝恩；因為這是神在基督耶穌裏向你們所定的旨意。」（帖前五16～18）神已經為我們預備一個蒙福的旨意，我們保持心靈健康的最佳良藥，就是與這位至親的同行者同行，祂會隨時給予我們指引、支持和安慰，這是惟一支取屬靈力量的途徑。

禱告有如呼吸，是一件很自然的事，就如我們與父母或配偶溝通一樣，是很自然、每天必會發生的事情。禱告就是我們與天父溝通，內容可以很豐富，無論事情的大小均可藉禱告上達神的面前，可以將我們每一天的需要（詩三十七5）、感受（詩一四一1）、感謝（腓四6）、讚美（但四34～35）、認罪（約壹一9）、祈求（提前二1～3）和代求（雅五15～16）告訴祂。我們可以每天跟隨耶穌教導的主禱文（太六9～13）的架構來禱告。佩恩列出以下的大綱，幫助我們全人投入禱告，與神相遇：[1]

1　頌讚和感恩：「我們在天上的父：願人都尊你的名為聖。」
2　代求：「願你的國降臨；願你的旨意行在地上，如同行在天上。」
3　個人請求：「我們日用的飲食，今日賜給我們。」
4　悔改和寬恕：「免我們的債，如同我們免了人的債。」
5　委身：「不叫我們遇見試探；救我們脫離兇惡。因為國度、權柄、榮耀，全是你的，直到永遠。阿們！」

佩恩的禱告大綱可以使我們禱告的內容和範圍更加全面，兼及每一個的重點，但是最重要的，是我們願意開放我們的心，去面對自己內在的景況，並且誠實告訴神。

頌讚和感恩

每次頌讚都令我們再一次重新調校生命的主位，再一次提醒我們要尊神為我們的主，我們是祂的兒女、祂的羊。這是每一天靈修的必要步驟。就好像我們想聽收音機，必須調較正確的頻度，才能清楚接收信息。在靈修裏，正確的頻度就是謙卑自己、尊主為大，由心向神發出讚美。讚美是神所喜悅的祭，是承認主名之人嘴唇所結的果子（來十三15），如果我們真的口裏承認主，那我們心裏自然常常發出頌讚（腓二11）。

其實，讚美神並不是一件容易的事，因為人的罪性使人自高自大，耶穌也曾責備那些自以為是的法利賽人說：「若是他們閉口不說（讚美神），這些石頭必要呼叫起來。」（路十九40）因此，詩人向神發出呼求：「求你使我嘴唇張開，我的口便傳揚讚美你的話！」（詩五十一15）因此，開口讚美神與暗暗讚美神是有分別的。同樣是心裏相信，開聲宣告與閉口不言，其差別就是信心的多少。當我們愈確定相信，心裏就有股力量要宣告心裏所相信的。因此，耶穌指出，如果人不讚美神，石頭也要發出歡呼聲。

學習每天讚美神，是屬靈生命的操練，也是洗滌心靈的良藥，就如詩人經歷的：「我歌頌你的時候，我的嘴唇和你所贖我的靈魂都必歡呼。」（詩七十一23）讚美幫助我們改變自己看事情的心態和角度，是我們在患難中仍然可以喜樂的祕訣，它提醒我們神仍然掌權，幫助我們常存盼望。就算是世人認為不足、羞恥、失敗或無望，在神仍然沒有難成的事。

除了幫助我們不被憂傷痛苦所困，讚美也可以消除我們的憂慮恐懼：「應當一無掛慮，只要凡事藉著禱告、祈求，和感謝……神所賜出人意外的平安，必在基督耶穌裏，保守你們的心懷意念。」（腓四6～7）如何保守我們的心？答案就是藉著禱告、祈求、感謝和讚美。因此，若你想放鬆和減壓，讚美神是比度假娛樂更為有效的途徑。因為度假娛樂是暫時放下問題不去想，只是一個轉移視線的方法。但是，讚美不只轉移我們的視線，更是將視線調較到正確的方向上，不再被憂慮恐懼的情緒所困擾，因而經歷神所賜出人意外的平安，使我們可以用不同的角度去理解和處理問題，使我們的心定睛在神的真理上。讚美神就是幫助我們定睛於耶穌，就如彼得定睛在主耶穌身上，他就能夠在水面上走（太十四28～31）。定睛於耶穌就是幫助我們得到動力和能力的源頭，使我們可以排除困難，勇往直前。

佩恩指出，讚美除了幫助我們的靈魂增加愛神、信任神和明白神的能力以外，也如禱告和敬拜一樣，幫助我們去經歷神的同在，除去舊人，穿上新人，領略如何披戴基督。在這種與主聯合的經歷裏，讚美就如呼吸般自然而然。[2]

因此，詩人教導我們要終日因神誇耀、還要永遠稱謝祂的名（詩四十四8），常常讚美（詩三十五28，七十一6），一天七次讚美（詩一一九164），甚至半夜起來讚美（詩一一九62），因為這是我們在等候神的拯救來臨之前，得力的祕訣。對基督徒來説，在遇到困難危難的時候，選擇憑信心等候神並不是一個難下的決定，但是，等候的過程卻難倒不少人。因為當你等候了一段時間，而神的幫助和聲音尚未臨到，你開始質疑是否該繼續等下去，這一段沒有方向的路程，是最難受、最容易令人感到挫敗、灰心和想放棄的。因此，宣告神的名、歌頌神的大能（詩二十一13）、稱讚神的慈愛和誠實（詩一三八2）、頌讚祂的作為（詩一四五4）都是重要的提醒和心靈的安慰，支持我們繼續等候的信心。神的名是大有權能的，可以救我們脱離兇惡，我們也可以奉耶穌的名趕走撒但的攻擊。所以，宣告神的名，是持守信心重要的步驟。

感恩是讚美神的其中一個主因，將神當得的榮耀歸給祂。當我們經歷了神豐盛的慈愛和恩典，感謝的心就自然傾湧而出，正如保羅為了帖撒羅尼加教會而感恩：「為這一切的喜樂，可用何等的感謝為你們報答神呢？」（帖前三9下）如果你心裏未能常存感謝的心，可以向神求，請祂讓你知道是甚麼阻礙了你，以致你未能完全經歷神的大愛和大能！佩恩指出一個簡單的真理：「對於心存感恩的人，神所顯的奇蹟是不會完的。」[3] 因此，神讓我想到在每一天的靈修材料中，加入朗讀頌讚經文及感恩讚美的部分，幫助你們操練向神表達心中的讚美和感恩的心志。

代求

禱告帶有屬靈的力量，「義人祈禱所發的力量是大有功效的」（雅五16下）。我們的祈禱甚至可以改變大自然的氣候，就如以利亞懇切禱告，求不要下雨，雨就三年零六個月不下在地上，他又禱告，天就降下雨來，地也生出土產（雅五17～18）。我們也聽過很多這樣的見證：為特別的聚會（如戶外佈道會等等）禱告，希望當日不要下雨，可是當日卻仍然下雨，只是，雨偏偏只下在聚會以外其他地區，或聚會期間沒有下雨，絲毫沒有影響聚會。因此，基督徒必須重視代求的能力，不要被撒但蒙騙，以為神不一定聽禱告，所以，禱告不禱告也無所謂，多一個不多，少一個不少。

耶穌以身作則，以主禱文來親自教導我們要為神的國和神的旨意代求。保羅也勸勉提摩太「第一要為萬人懇求、禱告、代求、祝謝；為君王和一切在位的，也該如此，使我們可以敬虔、端正、平安無事地度日。這是好的，在神我們救主面前可蒙悅納」（提前二1～3）。神愛世界上每一個人，所以，為萬人祈求是要成全神對世人的旨意，願意祂的愛能夠進入每一個人的心，世界可以被神的愛所改變。因著神愛我們，我們可以學習去愛身邊的人，也去愛我們所不認識的人。我們可以如何表達這份愛？就是為他們代求。「出於信心的祈禱要救那病人，主必叫他起來；他若犯了罪，也必蒙赦免。所以你們要彼此認罪，互相代求，使你們可以得醫治。」（雅五15～16上）因此，為別人代求能令他人也經歷神的醫治和大能。

佩恩指出禱告的焦點必須定睛於神身上。[4] 仰望神的大能、神的旨意、神的作為、神的慈愛、神的信實、神的恩典和神的智慧；而不是定睛於世界的黑暗、邪惡、痛苦或醜陋。當我們定睛於神身上，因著看到神的權能和慈愛等屬性，我們的信心便得以充足，使我們有能力在面對邪惡與黑暗時仍存盼望。如果我們只定睛於邪惡與黑暗，就很容易被它們所吞噬。就如彼得定睛在耶穌身上，他能在海中行走，當他看到海上的風浪甚大，他就跌入海中。我想這是一個很重要的屬靈真理。很多基督徒感到無力代求，是因為他們已被世上的黑暗和邪惡所吞噬。

耶穌基督不只在世上為我們代求（約十七9、15～21），並且在復活以後，祂坐在神的右邊，仍然替我們祈求，祂應許祂必拯救我們到底（來七25；羅八34）。我們學效耶穌的代求，也必蒙神的悅納（提前二3）。當我們不曉得如何去禱告時，聖靈會親自用說不出來的歎息替我們禱告，而聖靈的禱告是被神所明白和悅納的，因為聖靈是照神的旨意替聖徒祈求（羅八26～27）。因此，我們需要尋問神，我們該如何去代求，並且可以求聖靈教導我們如何按神的旨意祈求。當我們如此祈求，聖靈往往會教導我們該用甚麼話語、給我們智慧或引導我們以另一個方式去祈求。這樣，代禱不再只是我們單向的意願陳述，而是和應神心意的行動。所以，在每一天的靈修材料中，我也加入了代求的部分，提醒大家持續操練。

個人請求

佩恩指出，除非我們向神倒空我們心中所有的需求、哭訴和渴求，否則我們未能真正認識神和自己的心，所以我們需要向神盡訴心底的話，才能夠有能力去聆聽神對我們的心意——也就是祂的渴求、應許、勸告和命令。這就是佩恩所指「心的禱告」。[5]

當我們透過我們的情緒反應去明白自己內在的需求和動機，而將這些帶到神的面前時，我們開始更加明白自己的心，也更曉得該如何為自己的需要禱告。因此，能誠實地面對真正的自己，面對靈修材料的每一個問題，是非常關鍵的要素；能留意自己每一天的情緒表現，從而去尋問神這情緒表達了甚麼信息，以致你能夠明白自己更多。

這個部分將佔據靈修札記或禱告札記很多的篇幅，寫出自己內心的情緒、想法、需要和動機，可以幫助我們整理內心雜亂無章的狀態，更有意識地向神敞開這些自己也不明白、不認識的地方，才能與神有心靈的溝通。其實這原則也應用於我們與人的關係中，當我們愈能打開自己的心，讓對方認識自己，心靈溝通的深度自然增加，關係也更親密。

這是屬靈操練、禱告更新、聆聽神的聲音及與神同行的一個重要進路，而人最大的問題往往是不明白自己的情緒，以致不完全認識自己，也不認識神。所以，每天花些時間去聆聽自己內在的各樣聲音是關鍵的操練，起初可能感到很疲累，沒有甚麼特別的感受，然而我們可以求聖靈引導和提示，也可以問自己今天有些甚麼感受：開心、不開心、憂慮／緊張、驚訝、憤怒。從自己的不同感受可以更準確地洞悉自己的需要，例如：回想在工作中對某同事有點不滿，平時可能覺得很小事，不要放在心裏，或甚至怪責自己太小氣，然而當我們認真去明白自己不滿的原由，在靈修札記中探討，反問自己，同事的説話或行為，為何會令自己產生不滿？過去是否也有類似的經歷，才引致如今對這小事如此介懷？也可以藉此向聖靈祈求，求祂幫助自己明白，這憤怒情緒背後是否要讓自己意識到自己受到傷害，需要求神醫治，以及幫助我們去寬恕。並且要祈求神賜下與這同事相處的智慧，以致日後能合宜地表達自己的感受，既讓對方明白，又不會令他感到受傷害。如果沒有每天細心檢視當日的感受，便不會意識到這個同事所引起的問題，亦不曉得將問題帶到禱告中，事情可能繼續惡化，直到有一天，自己不期然説出一些傷害對方的話，才去正視問題。

我們往往以為自己很明白自己的需要，其實，很多時侯我們所知道的只是表面，所以佩恩很堅持在神面前完全倒空自己內在所有的感受和需要，方能真正認識神和自己的心。最容易蒙騙自己的，其實就是自己。所以，在每一天的靈修材料中，我加插這個部分，幫助大家操練倒空我們心中所有的需求。

悔改和寬恕

悔改與寬恕是維持一段親密關係的基要元素，很多婚姻關係也是欠缺了這個要素而導致分離，我們與神的關係更是如此。當我們接受基督作為生命的主，我們的罪已被寬恕，雖然如此，但是有些罪是我們尚未承認或不為意的，在蒙赦免得救贖後，我們仍然需要省察、悔改和認罪。所以，當我們成為基督徒後，身分上我們是被寬恕成為神的兒女，但是生命中仍有很多雜質要被潔淨和更新，因此，成為聖潔就是新生命的目標。

我們接受了神的寬恕，神也要求我們寬恕那些傷害我們的人：

「你們站著禱告的時候，若想起有人得罪你們，就當饒恕他，好叫你們在天上的父也饒恕你們的過犯。」（可十一25）就如耶穌在十字架上的禱告：「父啊！赦免他們；因為他們所做的，他們不曉得。」（路二十三34）既然我們也是白白的被寬恕，那為甚麼我們仍不肯寬恕傷害我們的人呢？正如那不寬恕人的惡僕，他欠了王一千萬銀子，但沒有能力償還欠款，最後王動了慈心把他釋放了，不用他還那一大筆債項，可是這惡僕卻把一個欠他十兩銀子的同伴下在監內，最後他主人指摘他沒有學會寬恕憐憫，把他也拉到監裏（太十八23～35）。因為神深愛每一個人，所以祂透過基督犧牲的愛去化解罪的問題，為我們建立一個愛的羣體，命令我們要彼此寬恕，切實相愛。

因此，如果我們發現自己理性上明白這個道理，卻不能實現出來，就要祈求從神而來的力量，幫助我們去寬恕，也求聖靈啟示我們未能寬恕的原因。這往往可能是因為我們不想再次去面對被傷害的痛苦，所以不想再去接觸這個傷口，以致這傷害的痛苦成為一個監獄，將傷害我們的人拘禁在內，而自己也因此而得不到釋放。因此，我們不能只靠自己的力量去寬恕別人，傷害愈深便愈難寬恕。當我們發現未能去寬恕時，便要求神讓我們更經歷祂的愛，靠著基督復活的大能，幫助我們再次面對被傷害的痛苦，藉著祂的同在和安慰，願意釋放那傷害我們的人，雖然「在人這是不能的，在神凡事都能」（太十九26）。

不能寬恕也往往是導致屬靈生命呆滯，與神關係未能進深的原因，就如心中有一扇鎖上的門，不能讓神、人或自己走進裏面。因此，佩恩建議我們去檢視自己過去幾十年的生命中曾受的傷害：我們可以用兒童、小學、中學、大學或以生命中重要的變更作為分域點，有系統的檢視，可以幫助我們正視所有被傷害的經歷，而讓神去醫治每一個受傷的地方，也幫助我們去釋放心中每一個囚犯，不再活在過去的陰影中，也令撒但不能再以這些傷害來攻擊和操控我們。[6]

神所要求我們的，不只是寬恕那些傷害我們的人，更要去：「愛你們的仇敵，為那逼迫你們的禱告。」（太五44）這就是實踐神給我們的誡命：「愛人如己」。因為惟有愛才可以化解人與人之間的爭怨，也只有藉著神的愛，我們才能辦到：「我們愛，因為神先愛我們。人若說『我愛神』，卻恨他的弟兄，就是說謊話的；不愛他所看見的弟兄，就不能愛沒有看見的神。愛神的，也當愛弟兄，這是我們從神所受的命令。」（約壹四19～21）能夠去愛我們仇敵的能力，必定是從神而來的，只要我們願意有愛仇敵的心，神必會成就，讓我們再一次經歷神的大能大力。

除了寬恕傷害我們的人之外，有些基督徒最難去接納對神的憤怒：不能理解為何神會容讓如此的傷害臨到自己身上；同時又怪責自己是否自取其咎、不懂保護自己、太脆弱或易受傷害。基督徒往往因不敢直接向神表達不滿，這種不滿變成一種未被意識的質疑、隔膜，而導致與神關係冷漠，卻又說不出原因之所致。因此，我們需要誠實面對自己，我們對神是否存有這種未被意識的不滿？只要我們願意去尋問，聖靈會顯示讓你明白，自己需要誠實向神承認自己的憤怒。有很多基督徒認為不應該對神不滿，就如不可以憤怒父母一樣。可能對他們來說，過往對權威不滿的經歷導致不好的後果，因此，他們會因自己的憤怒情緒而產生內疚，不容許自己去意識這不被接納的情緒。其實，問題是自己不能接受自己對權威有不滿，而不是「基督徒不應該對神或權威有不滿的感受」。從詩篇可見，神不但接納詩人向祂表達不滿、怨言或憤怒的情緒，並且，詩人亦因坦然向神表達內心所有的感受，而讓神可以幫助他去明白神更深，也學習去放下憤怒，我的經驗也是如此！但是如果你從不肯承認自己對神有所不滿，也就不能放下這份不滿了。有些基督徒想走捷徑，既然要放下，不如不用承認這些憤怒感受。但是這條路是行不通的，因為情緒要從經歷後，才可以轉化。（參《情緒四重奏》第六章。）

相對於寬恕人和寬恕神，寬恕自己是三者中最困難的。因為這是人的最終自我保護方法，這也是抑鬱症的主要導因——不能表達因別人的傷害而導致的憤怒情緒，將這憤怒轉移到自己身上，將所有問題的責任歸咎於自己，於是可以寬恕別人和神，但是不能寬恕自己。不寬恕自己的原因，是希望自己永遠記住這個傷害，不要再犯，不想再受到傷害。如果這個人自我形象低落，他便更加相信一切都是自己的不是，因而得出「不寬恕自己就是最佳警惕方法」的結論，還以為這是改善自己的最好方法。

其實，很多基督徒並不明白，不肯寬恕自己是一個陷阱，這也是撒但常常利用這個方法去更加攻擊他們的錯失，令基督徒的生命陷於黑暗的自責中。這種不寬恕自己的自我保護方法，其實就是想用自己的方法去拯救自己。最後的結果就是情緒低落，甚至患上抑鬱症。這自我警惕的方法，是與神的救恩無緣，因為沒有一個人可以用自己的方法去改變自己，所以，我們才需要神去改變我們的生命。因此，雖然這些防衛機制及自我保護的方法，原意是幫助自己，最終卻反而成為攔阻自己經歷神恩典的絆腳石。如果你發現「不寬恕自己」這個方法仍然未能幫助你活出一個喜樂豐盛的生命，那麼，這是嘗試改變的時候了，將警惕自己、改變自己的責任交給神，以後每當聖靈提醒你犯的錯，**不要繼續自責，只要實踐去改過**，這才是真正信任神——完全將自己交在神的手中。所以，在每一天的靈修材料中有悔改和寬恕的禱告，幫助我們來檢視每天需要向神悔改，寬恕神、人或自己的地方。

委身

撒但是最終的試探者（雅一13～15）。透過人的私慾，使人開始對神產生疑惑不信的心，然後漸漸不跟隨神的旨意和方法，是撒但最常用的手法。我們用「人的方法」去解決自己的問題，於是就生出罪來，使我們再次與神隔絕！因此，我們需要警醒，特別注意自己那些脆弱、不願意面對的傷口；也要謹慎面對自己的成功，因為這也是另一種試探，使我們容易在不知不覺間依靠自己的能力，而不是依靠神的能力。透過每一天委身於神，就是再一次宣佈自己是屬於神的，作為每一天的警醒，消除自己在不知不覺間對神所產生的疑惑和不信，幫助自己清楚自己的立場與目標。這是神所喜悅的（羅十二1），也是趕走撒但攻擊的良策。

以下是我根據博迪什博的建議稍作更改的委身禱文，給予你們參考：[7]

> 主耶穌，我承認我又偏離了，走了自己的道路，我再一次犯罪，傷了祢的心，我為自己信任人或自己多於信任祢而難過。我沒有對祢的話語認真，也沒有履行我曾對祢的承諾，現在我想改變這個模式和習慣，再一次讓祢主管我的生命，希望完全進入與祢立約的關係中。我相信祢為了我而死，祢的寶血已潔淨我的罪，並會醫治我的焦慮、抑鬱和疾病。我衷心感謝祢的大愛，我願意現在將我的心門打開給祢，邀請祢進入。主耶穌，成為我的救主，掌管我的生命，我願意在我有生之年，靠著祢加給我的力量，盡心盡意的事奉祢。阿們。

在每天靈修的時候，學習寫下自己委身給對神的承諾，這也是你對神的愛、寬恕和話語的回應，再次思想你希望與神建立一種怎樣的關係。

聆聽神對你說的話

每一天的靈修材料中，包含了很多內在反省的問題，需要你細心去聆聽聖靈給你的感動、啟示或指引。用一段安靜時間去默想每一段經文，並且在每天的靈修材料的尾聲，有聆聽神操練的功課，需要你每天學習聆聽神對你說的話。希望你藉著每天的經文內容和默想的經文，透過禱告及聆聽聖靈的引導和說話，等候領受神的心意，把它寫下來。然後求神指引你該如何在生活中將這些領受應用出來。如果你希望更詳細地了解如何聆聽神的聲音、神傳遞信息的方法，以及如何辨別神的聲音，本書的〈附錄一：聽主微聲：如何聆聽和辨別神的聲音〉內有詳盡的講解。

---

1. Leanne Payne, *Listening Prayer: Learning to Hear God's Voice and Keep a Prayer Journal* (Grand Rapids MI: Hamewith Books, 1994）.
2. Payne, *Listening Prayer,* 36~39.
3. Payne, *Listening Prayer*, 36.
4. Payne, *Listening Prayer*, 55.
5. Payne, *Listening Prayer*, 75.
6. Payne, *Listening Prayer*.
7. Signa Bodishbaugh, *The Journey to Wholeness in Christ: A Devotional Adventure to Becoming Whole* (Mobile, AL: Journey Press, 2003), 38.

第一部分：恐懼篇

引言

把恐懼化為信心

神賦予人恐懼憂慮的情緒，讓人知道自己的限制、醒覺危險，要去尋找出路。但這些情緒卻往往成為了都市人的困擾：面對工作的要求、經濟的壓力、生命的無常，使人不期然的擔心自己能力不足；遇到難以解決的困境，害怕別人的眼光、指摘、不接納，不知如何面對羞辱和失敗。

在《情緒四重奏》一書的第八章，曾提及有兩種最具困擾性的基本情緒：羞恥和恐懼／焦慮，兩者源自於兩種自我觀念：「壞的我」或「弱的我」。這兩種深層的自我觀念之所以形成，是因為我們仍活在罪的陰影下，我們需要被神的話釋放和被神的愛醫治，才能擺脱這些觀念所構成的捆綁。

1 恐懼、焦慮的情緒源於「弱的我」：感到自己脆弱，缺乏安全感，不能獨立，喜歡倚賴人。
2 羞恥的情緒源於「壞的我」：感到自己無價值，是一個失敗者。

如何面對生活中每天接踵而來的憂慮惶恐情緒？惟有真正認識神，才是化解壓力憂慮最持久有效的方法。就如奧古斯丁所說的，人離開了神，就不能得安息！人是有限的，生命中很多事情和問題都在人所能控制的範圍以外；然而，萬事都掌握在神的手中！如果我們能夠如摩西那樣，真實地認識神的能力、慈愛及恩典，並且完完全全相信祂、倚靠祂、順服祂的帶領，因愛祂而將自己的生命交給祂，那才真是一個上好的福分！

但是，如果在成長中經歷了創傷、分離、被排擠、被遺棄、被羞辱或被拒絕，人便會容易驚恐和焦慮。正如《情緒四重奏》中指出，因過往的經歷而產生的感受，全都存留在大腦的情緒記憶路線中，因此，無論是外在環境的變化，還是別人的説話，只要這些改變勾起過往相類似的記憶，就容易產生緊張焦慮的情緒。

恐懼的情緒是需要透過面對來克服的，例如當人很怕別人的閒言，如果能夠面對説閒言的人，澄清事實真相，恐懼閒言的情緒便會消失，説閒言的人也會改變或不敢隨便亂説閒言。但是，面對恐懼的情景或與人對質，皆需要內在勇氣和外在力量的支持；因此，神的幫助和能力是不可缺的。恐懼的情緒需要透過表達自己的真實的感受，從而澄清問題及得到別人的接納，才能平伏下來。但是，當事人往往在過往曾因對質而承受更大的傷害，想起要對質，便已浮起強烈的恐懼感，需要有極大的勇氣和神的力量，才能再次面對對質的情景。

恐懼的情緒需要轉化成為信心，愈是容易恐懼和焦慮的人，愈需要建立對神的信任，經歷神能力的同在。但是，他們往往比常人更難去信任人或神的幫助。因為他們的恐懼和焦慮並非一朝一夕而成，乃是在他們成長的經歷裏，身邊的人（包括父母）都令他們失望，不能夠給予他們及時的幫助，而因此導致他們常常緊張和憂慮，擔心自己力有不逮，未能建立自信及內心的安全感。

過往曾被人傷害、遺棄或缺乏照顧的經歷，都使他們不敢再相信及倚賴人，要倚靠和相信那看不到的神，就更是難上加難了。因此，學習倚靠神並不是容易的功課，對那些曾受創傷的人來說就更是如此。

信心是整個基督教信仰的核心關鍵：惟有因信才使人得生命（來十38～39），信心是罪人稱義的惟一方法（羅十9～10），信心是人得蒙應許的惟一途徑，使人成為神的兒女、得到屬靈的權柄和福氣（約一12；弗一3），信心是明白屬靈知識和真理的必備條件（來十一3；林前二10～11），信心是禱告蒙應允的要素（太二十一22；約六35～36），信心是與神建立親密關係的必要條件（來十一6），信心使我們可以聆聽神的聲音（約十25～27），我們屬靈的能力源自於信心（可九23；太十三58；約十一25～26），信心使我們活在光明中（約十二36、46），信心也是抵擋邪惡的籐牌（弗六16）。因此，如何將恐懼化為信心是首二十天靈修材料的焦點。

第一部分的靈修材料針對人對神的疑惑，透過每天點滴賜下的嗎哪，學習認識神和信靠神、意識自己如何不斷對神產生疑惑，以致未能建立對神的信任，學習如何將自己全然的交託！

對神的信心，需要在生活中實踐出來，那就是聆聽神的心意和遵行神的旨意，兩者需要並行不悖互相配合。這本書是幫助你認識神和認識自己的其中一個渠道，但是仍然需要你去實踐和練習，在生活中應用，方能成為你真正的幫助！

第1天
走出埃及

朗讀經文

耶和華是我的力量，我的詩歌，也成了我的拯救。這是我的神，我要讚美他，是我父親的神，我要尊崇他。（出十五2）

頌讚和感恩

代求

個人請求

背景經文：出一1～22

以色列人被埃及人轄制和欺壓（出三7～9），怨聲達到耶和華的耳中，神聽到他們的呼求，就拯救他們脫離埃及人的手，領他們到美好的流奶與蜜之地。

以色列人在埃及的光景，就如我們在罪中的光景，被罪所轄制，因所犯的罪，受到心靈的控訴和欺壓，就如保羅說：

> 我所願意的善，我反不做；我所不願意的惡，我倒去做。若我去做所不願意做的，就不是我做的，乃是住在我裏頭的罪做的……我覺得肢體中另有個律和我心中的律交戰，把我擄去，叫我附從那肢體中犯罪的律。我真是苦啊！（羅七19～21、23～24上）

你的生命是否也如保羅所經歷的那樣，常常在苦戰之中？你想做的，卻不敢做！不想做的，卻偏去做！現在安靜在神面前，將你被轄制的痛苦告訴祂。

神聆聽了以色列人的怨聲，拯救他們脫離埃及，你是否相信神也會拯救你脫離罪的轄制？耶穌曾說：「我來了，是要叫羊得生命，並且得的更豐盛。」（約十10下）神已經應許：「若有人在基督裏，他就是新造的人，舊事已過，都變成新的了。」（林後五17）神給予我們的，不只是一個新的生命，並且是一個更豐盛的生命。如果你發現自己，雖然是信了主，但仍未能經歷神所應許新而豐盛的生命，那麼，這是時候去探討一下：你是否仍被某些罪所轄制，以致未得自由呢？

罪轄制人的其中一個的途徑，便是恐懼——恐懼令人不能接受真理、說出真理和行出真理！但是，去面對真理卻非容易！有些人怕別人發怒，有些人怕被拒絕、被遺棄、被恥笑、不被尊重、不被平等對待、不被注意！請列出你生命中最深層的恐懼是甚麼。

悔改和寬恕的禱告

你是否了解為甚麼自己有這些恐懼？這恐懼的背後是否因為覺得自己不夠好，怕別人會嫌棄或傷害自己？面對自己黑暗的真我，以及別人黑暗或醜惡的一面，兩者都很困難。正如亞當和夏娃，他們不能面對自己的罪性，就隱藏自己，將問題推到別人的身上！今天，藉著耶穌的死，我們所有的罪、黑暗和醜惡，都可以被寬恕和得潔淨。你是否願意向神敞開，將你隱藏已久的黑暗都告訴祂，以致得到祂的寬恕和潔淨呢？

將你的恐懼告訴神，告訴祂，你真的不願意再被這恐懼所轄制，你想走出埃及，脫離這個你所熟悉卻被轄制之地，你願意將這恐懼交給神，求祂引領你去流奶與蜜之地。在其中學習如何勝過轄制，如何接受祂給你的真理、說出真理和行出真理，真正經歷豐盛的新生命！

…

默想經文

你們必曉得真理，真理必叫你們得以自由。（約八32）

神對你說的話	向神的委身

第2天
進入曠野

朗讀經文

你是我所讚美的，是我的神，為我做了那大而可畏的事，是我親眼所看見的。（申十21；引文經作者修改，「你」在《新標點和合本》中，原作「他」，「我」原為「你」。）

頌讚和感恩

代求

個人請求

背景經文：出十四1～31

神大能的手曾在埃及施行十災，拯救以色列人，叫他們昂然無懼地走出埃及（出十四8）。但是神很清楚知道以色列人的心理狀況：

「非利士地的道路雖近，神卻不領他們從那裏走；因為神說：『恐怕百姓遇見打仗後悔，就回埃及去。』所以神領百姓繞道而行，走紅海曠野的路。」（出十三17～18上）

神很清楚以色列人很容易害怕，未能直接對抗非利士人的爭戰，於是神為他們選擇一條曠野的路，雖然繞道而行，卻裝備了以色列人面對將來進入迦南地的爭戰！今天神帶領你離開埃及，祂也知道你心裏的狀況，祂知道你曾嘗盡苦頭，會容易感到恐懼，祂也為你選擇了一條曠野之路，知道你未能即時面對外在的挑戰，便先要你裝備迎接將來的挑戰。你是否願意踏上這曠野之路？

曠野是生命更新必經之路，請看：耶穌接受洗禮後，被聖靈引領到曠野，接受魔鬼的試探四十天；摩西殺了埃及人後，逃到曠野，牧羊四十年才被呼召；保羅信主後，有三年的時間退到大馬士革的沙漠靜修，學習專一事奉，裝備整個身心，為主使用。

在聖經中，曠野不單指那種滿佈沙丘或石塊的不毛之地，也包括那些乾涸的草原和野獸出沒、渺無人煙的荒地。一想到要進入這樣的一個地帶，你可能已經開始感到害怕，不如退回埃及算了。

默想以下經文，經文中的「他」已改為「我」，看神向你說甚麼：

耶和華遇見我在曠野——荒涼野獸吼叫之地，就環繞我，看顧我，保護我，如同保護眼中的瞳人。又如鷹攪動巢窩，在雛鷹以上兩翅搧展，接取雛鷹，背在兩翼之上。這樣，耶和華獨自引導我，並無外邦神與我同在。（申三十二10～12）

你是否能夠從神的應許中，感受到祂在你的周圍環繞你、看顧你、保護你？神的雙翅搧展在你之下，如鷹保護雛鷹一樣，遇上任何危難的時候，祂就接取你，將你背負在祂的兩翼之上。你是否感受到神視你為摯愛的兒女般保護你？你願意相信神對你的應許，跟隨祂的帶領，進入曠野嗎？請回應神對你的邀請。

神吩咐摩西叫以色列人轉回，安營在比・哈布錄前，引領埃及人追趕，讓神在法老和軍人身上再得榮耀。當以色列人舉目看到埃及軍隊的追趕，就甚懼怕，埋怨摩西帶他們死在曠野。以色列人這種心情，可能你也能明白，但是神為甚麼要以色列人再一次受到驚嚇呢？因為神要再次堅定以色列人的心：「耶和華必為你們爭戰；你們只管靜默，不要作聲。」（出十四14）神再一次施行神蹟，帶領以色列人走過紅海，當法老的軍隊追到海中，海水便將他們淹沒了！

悔改和寬恕的禱告

當你看到神如何用心良苦去堅定以色列人對祂的信心時，你心中有何感受？你又有沒有看到神如何藉著不同的經歷堅定你對祂的信心？你是否相信神必為你爭戰，如同祂為以色列人爭戰一樣？如果你有困難，告訴神，是甚麼攔阻你，求祂寬恕和幫助！

默想經文

你將生命和慈愛賜給我；你也眷顧保全我的心靈。（伯十12）

神對你說的話	向神的委身

第3天
不要憂慮，神必供應！

朗讀經文

我要宣告耶和華的名；你們要將大德歸與我們的神。（申三十二3）

頌讚和感恩

代求

個人請求

背景經文：出十六1～35

在曠野之路上，以色列人過著一種簡單樸素的生活，因食物的種類受環境的限制，荒漠沒有農作物出產，水源也是嚴重的問題。然而，神對以色列人的供應卻無所缺——他們每天按各人的飯量去支取嗎哪和鵪鶉。但是，這些供應物不能留到早晨，因為神要試驗他們是否遵守祂的法度。百姓中有些人不遵守神的吩咐，將食物留到早晨，於是食物便生蟲變臭。到了第七天安息日，人既不可作工，田野裏也找不著甚麼食物，要怎麼辦呢？在第六天，神賜他們雙倍的食物，也惟有在這一天，他們才可以將食物留到早晨。

在曠野之路上，每天的生活都要遵守神的吩咐，學習完全倚靠的功課。人用自己的智慧去籌算，存留食物，最後也是枉然。多收的沒有餘剩，少收的也沒有缺欠，即使有暗暗留下食物的，食物也會生蟲變臭！

你的生命是否也願意學習相信神的供應，不要為明天及將來憂慮？我在美國攻讀博士學位時，並沒有足夠的經費，神帶領我去閱讀宣教士的生平，我看到每當宣教士他們身無分文，也沒有食物的時候，神便會奇妙地供應他們。這發現叫我感到很驚訝，然而，為甚麼這類事情從未在我身上發生？最後，我恍然明白到，原來我從來不會讓自己落入像宣教士一樣的光景，又怎會經歷到神的信實呢？於是，我學習憑信心仰望的功課，結果，神真的奇妙地為我預備所需要的學費和生活費，透過獎學金和教會的資助，使我一無所缺，而我那些美國籍的同學卻累積了一筆龐大的債項，畢業後還要攤還給政府呢！

你可不可以將你的經濟、前途、健康、工作和學業等問題交託給神，不去憂慮明天和將來，相信神會供應你所需的，學習完全倚靠神的功課？你有甚麼憂慮和恐懼？請你告訴神，如果你未能用文字，也可以用圖畫向神表達：

在安靜中，聆聽神如何回應你。

以色列人在曠野四十年之久，神從不間斷祂的供應，你又是否相信神會供應你一生的需要？請默想以下經文：

> 但耶和華到今日沒有使你們心能明白，眼能看見，耳能聽見。我領你們在曠野四十年，你們身上的衣服並沒有穿破，腳上的鞋也沒有穿壞。你們沒有吃餅，也沒有喝清酒濃酒。這要使你們知道，耶和華是你們的神。（申二十九4～6）

你是否又如以色列人一樣，雖然神在你一生中從不間斷地供應你的所需，而你仍然未能夠真正明白祂、認識祂和信任祂？

悔改和寬恕的禱告

向神承認你的狀況、恐懼和埋怨，求祂使你心能明白、眼能看見、耳能聽見，真正認識祂是惟一的真神！

神只供應每天所需的分量，是要你學習一種完全依靠的生活方式，每一天都鍛煉你相信神會給予明天所需的信心。這是曠野路上必須經歷的學習。你願意將你每天的焦慮交給神，相信祂會給你能力和智慧面對明天的工作嗎？學習每天只求每天所需的！這是在曠野每天要操練信靠的功課！

默想經文

我的神必照他榮耀的豐富，在基督耶穌裏，使你們一切所需用的都充足。（腓四19）

至於我，我必憑你豐盛的慈愛進入你的居所；我必存敬畏你的心向你的聖殿下拜。（詩五7）

神對你說的話	向神的委身

第4天
曠野的苦煉

朗讀經文

主啊，求你使我嘴唇張開，我的口便傳揚讚美你的話！你本不喜愛祭物，若喜愛，我就獻上；燔祭，你也不喜悅。神所要的祭就是憂傷的靈；神啊，憂傷痛悔的心，你必不輕看。（詩五十一15～17）

頌讚和感恩

代求

個人請求

背景經文：申八1～20

人都喜歡依靠自己的能力，建立自己的王國；用自己的方法，累積財寶、權力和聲譽。當人進入安穩豐足的生活，就會心高氣傲，忘記這一切財產和權力都是神所給予的。因此，神引領以色列人進入曠野的歷程是要苦煉他們，試驗他們，使他們終久享福！（申八15～16）

今天神帶領你進入曠野，是否也要苦煉你、試驗你，使你終久享福？你是否也願意在曠野與神相會，檢視自己生命中的雜質，再次被神潔淨和醫治呢？

神對你說的話

進入曠野的第一步是面對自己的恐懼，而最叫人恐懼的，莫過於面對自己可怕的一面：猙獰、虛假、誇耀、自私、苦毒、貧乏、枯乾、無知、愚昧、自大、無情、冷酷等。你最恐懼及不能接納自己的是甚麼呢？

神帶領你進入的曠野是怎樣的呢？請靜心默想，然後試用顏色筆畫出你心目中的曠野，並注意自己在繪畫過程中的情緒反應。

仔細看看你所畫的這幅畫。將你的圖畫交給神，求祂讓你明白當中所蘊含的意義，以及畫中的一景一物所象徵的是甚麼，自己為何會有那些情緒反應。

默想經文

如果以上的默想太困難，未能出現一個畫像，也可以默想以下經文：

引你經過那大而可怕的曠野，那裏有火蛇、蠍子、乾旱無水之地。（申八15）

想像一下，甚麼是你生命中的火蛇和蠍子？乾旱無水在你生命中又代表甚麼？

這些是否你不喜歡自己的地方，是否你不想面對自己的部分？你不想別人知道你有這樣的一面，甚至也不想揭開給神看？你一直用甚麼方法去掩飾和包裝你生命中的火蛇、蠍子和乾旱呢？

你這黑暗的一面，神都知道，祂也已接納了你，你又是否能夠接納自己就是如此？神帶領你進入曠野，讓你看到自己的醜惡，是希望你能夠面對，不再靠自己的力量去掩飾和包裝。你願意放下自我保護的方法，承認自己的黑暗，倚靠祂的力量改變自己嗎？把你的決定和需要告訴神！

悔改和寬恕的禱告

我們絕對不能單靠自己的力量走完曠野之路，這是一個苦煉和試驗的歷程，當中最寶貴的功課，是放下依靠自己的能力，經歷一個完全依靠神的生命，這就是你終久享福的祕訣！而神所賜給你的福氣將超乎你的所想所求！

如果你願意放下倚靠自己的能力，請你向神禱告。用一件東西或一個記號，來象徵「倚靠自己的能力」對你的重要性，將它放在十字架前，交給耶穌！

神對你說的話 | 向神的委身

第5天
疑惑的心

朗讀經文

要說：拯救我們的神啊，求你救我們，聚集我們，使我們脫離外邦，我們好稱讚你的聖名，以讚美你為誇勝。（代上十六35）

頌讚和感恩

代求

個人請求

背景經文：出十七1～15

當環境不順利時，人對神的信心開始會搖動，正如以色列人，雖然不斷經歷神蹟奇事，但是心仍然容易懷疑神。當他們沒有水喝時，就開始與摩西爭鬧、發怨言，預告他們和兒女並牲畜都要渴死在曠野！

當人的心開始疑惑，他們就失去對神的信心，自然缺少屬靈的真理和能力，容易被負面的思想所籠罩。就如彼得看到耶穌在海上行走，他就請耶穌叫他也可從水面上走到耶穌那裏，耶穌就讓他在海上行走。當他定睛在主耶穌身上，他就能夠在水面上走；但是當他看到風甚大，就害怕，便要沉下去，呼求耶穌救他。耶穌便指摘他說：「你這小信的人哪，為甚麼疑惑呢？」（參太十四28～31）

人對神的信心很容易便疑惑，當遇到事情不順利，甚至靈修沒有得著，禱告不蒙應允，就容易開始疑惑，神是否真實的呢？祂有沒有聽我的禱告？祂是否仍然愛我、關心我？神會否太忙，沒時間或沒有聽到自己的祈禱？神是否會保護我，幫助我度過難關？神是否信實？會否向我說話，給予指引？

甚至我也會疑惑，我寫此書，也問神是否真的會每一天給我指引，教我寫每天的靈修材料。因為在開始這一本書時，神給我的領受是祂會每天供應嗎哪，給予我所需要的天糧，然而，我也會擔心，如果有一天沒有領受怎麼辦？當我的心開始疑惑，我就開始感到迷惘混亂，沒有能力去聆聽和領受神的指引。

在一天接一天的生活中，你是否也對神感到疑惑？把你對神的疑惑告訴祂，求祂以真理照亮你心中的眼睛！

悔改和寬恕的禱告

祈求聖靈提醒你，每當你心裏懷疑神的時候，你可以靠神的力量，選擇全心相信而不是疑惑！

就如以色列人和亞瑪力人的爭戰中，摩西的杖何時舉起，以色列人就得勝，何時垂手，亞瑪力人就得勝。摩西的杖，象徵了以色列人對神的信心。當摩西高舉對神的信心，他們就能得勝。當心中有疑惑的時候，就是垂手的時候，也是撒但得勝的時候。今天，我們也要高舉對神的信心。

感謝神，讓我更深明白疑惑對屬靈生命的影響，也體會耶穌為何指摘彼得疑惑；這也是我們每天的借鏡。

這一篇靈修指引，是在午夜前臨到。一整天，我還在疑惑，為甚麼仍不見今天的嗎哪呢？神在我未能入睡之際，再次指出我的疑惑，當我願意去相信的時候，神的經文和指引最終在今天完結之前，晚上十一時五十分便臨到，供給我今天的所需！

你是否也願意在信心的功課上有更多的警醒？求祂寬恕你的小信，更敏銳於自己如何在每天的事情上容易感到疑惑。當你警醒，不去疑惑的時候，你的屬靈狀況有甚麼改變？情緒有甚麼改變？想法有甚麼不同？請記下這些改變。

• • •

默想經文

人非有信，就不能得神的喜悅；因為到神面前來的人必須信有神，且信他賞賜那尋求他的人。（來十一6）

信就是所望之事的實底，是未見之事的確據。（來十一1）

神對你說的話	向神的委身

第6天
與神立約

朗讀經文

所以，大衛在會眾面前稱頌耶和華說：「耶和華——我們的父，以色列的神是應當稱頌，直到永永遠遠的！」（代上二十九10）

頌讚和感恩

代求

個人請求

背景經文：出十九1～25

以色列人經歷爭戰、神的拯救和供應，走出埃及後的第三個月的頭一天，神主動和以色列人立約，這份契約延續六百年前神與亞伯拉罕及其子孫所立的約，被稱為「摩西之約」或「西奈山之約」。透過這次立約，以色列人正式成為神祭司的國度，聖潔的國民！

相比神與挪亞和他兒子所立的約（創九8～17），以及神與亞伯拉罕立的約（創十七1～11，二十二16～18），西奈山之約不只是之前兩約的延續，更是完全彰顯神與祂子民關係的心意！神與挪亞和亞伯拉罕所立的約，是神與個人及其子孫的立約（家族的盟約）；而西奈山的約，則是神與以色列羣眾，是與挪亞及亞伯拉罕所有的子孫立的約（民族的盟約）！

挪亞的約是神表明對人及各樣被造之物的愛，神以彩虹為記號，應許不再有洪水毀壞一切有血肉之物。神與亞伯拉罕的約是堅定神與他們關係的排外性，神必作他和他子孫的神，而他們必須遵守這個約，割禮就是這約的證據！西奈山的約是堅定以色列民與神的關係，他們是聖潔的選民，擁有祭司的身分，並且神親自臨在，叫百姓可以聽到神與摩西的話，可以相信摩西。神又把吩咐他們的話，寫在石板上，成為十誡。

悔改和寬恕的禱告

今日，藉著耶穌基督，神與我們立了新的約，代替舊的約，這份新約乃是神將祂的律法放在我們裏面，寫在我們的心上，祂要作我們的神，我們要作神的子民（來八7～13），耶穌基督的血就是立約的血（可十四22～24）。

今天神要與你立約，你會怎樣回應呢？你是否願意接受神寫在我們心上的律法，接受祂成為心中的主？這新約的兩條誡命就是盡心、盡性、盡意、愛主你的神，其次就是愛人如已（太二十二36～40）。

你是否願意將你的心獻給神，將心歸祂？

在一次的聖餐與崇拜中，牧師邀請會眾接受十字架的救贖，那一刻神給我一個畫像，就是這十字架從外進入我的心裏，刻在我心上，留下一個十字的印記，當時我很喜歡這個印記，滿心感恩地對神說：「這是我與祢的印記，我的心是屬於祢的，我是屬祢的，我將永遠帶著祢的十字架！」現在回想之際，明白了這是我與神立約的印記，而我回應祂的話，就是我對祂的誓言。每一次聖餐，就是紀念耶穌基督寶血所立的新約（路二十二19～20），我也再一次提醒自己，我心上的十字架代表我完全屬於主！

你又如何回應神與你立的約？

• • •

默想經文

我永不廢棄與你們所立的約。（士二1下）

我們縱然失信，他仍是可信的，因為他不能背乎自己。（提後二13）

神對你說的話	向神的委身

第7天
守安息日（一）

朗讀經文

我的心哪，你要稱頌耶和華！凡在我裏面的，也要稱頌他的聖名！我的心哪，你要稱頌耶和華！不可忘記他的一切恩惠！（詩一〇三1～2）

頌讚和感恩

代求

個人請求

背景經文：出二十1～26

神頒佈十誡給以色列人，讓他們知道耶和華所要求的和重視的是甚麼。十誡中除了第四誡守安息日外，其餘都是基督徒要嚴謹遵守的道德規範；舊約中很多的律法規條、守節和獻祭，都不是誡命的一部分，都因基督的代贖成全了（太五17），不再需要了，惟獨神將守安息日放在十誡中的其中一條，與孝敬父母、不可殺人同等重要。為甚麼神把守安息日列為誡命之一？

神吩咐以色列人說：「你們務要守我的安息日；因為這是你我之間世世代代的證據，使你們知道我——耶和華是叫你們成為聖的。所以你們要守安息日，以為聖日……故此，以色列人要世世代代守安息日為永遠的約。這是我和以色列人永遠的證據；因為六日之內耶和華造天地，第七日便安息舒暢。」（出三十一12～17）

被神分別為聖是指成為屬於神的子民、遵守神的道。守安息日是神與祂的子民永遠的約的記號，其精義在歇下手上的工，專心敬拜神，只有在敬拜中，人可以完全相信及倚靠神，更加清晰和強調神是我們生命的主人的意識，就好像調整模糊了的生命重點，讓它再次對焦，也是再一次學習：「你們要休息，要知道我是神」的功課！

今日的信徒沒有緊守安息日的習慣，我們認為守安息日是舊約以色列人的規條，已不適用於現今的社會！同時，教會也沒有重視這方面的教導，以致信徒往往未能明白守安息日的重要性。除了星期天早上上教會，其他所有時間也是營營役役為生活奔波勞累。你知道為何守安息日如此重要嗎？

悔改和寬恕的禱告

當神要你去正視守安息日誡命，這是你與神永遠的約，你心中向神有何回應？

學習安息是操練信心的更深一層的學習，再一次將生活的各樣重擔交給神，放下一切的憂慮，進入主的安息中。神在第六天賜給以色列人兩天的食物，以致第七天百姓可以安息（出十六29～30）。神也曉諭以色列人，即使在耕種收割的日子，第七日也要安息。你可能會認為，借用第七天的時間可以額外完成多些工作或學習，增加你的效率，但實情並不是如此！你是否能夠相信，當你放下手上的工作，神仍然保守你，不會令你有虧損？

我也有守安息日的掙扎，面對繁重的工作，很想利用第七天去清理一些堆積著的工作，舒緩下星期的壓力。有一次我大膽向神請假，因為需要我花一整天時間專心去完成一份久未完成的報告，最後終於在凌晨二時大功告成。一心以為完工後會心情輕鬆，可是這反而令我有更大的慾望去完成其他累積的工作，更進入緊張狀態，不能放鬆，更難在神面前安靜禱告。整個星期因處於緊張狀態，最後在星期五因著一個不正確的姿勢，而扭傷背肌！這個經歷讓我再一次體驗神對我的愛，祂知道人的身體和心靈的限制，需要在六天緊張繁忙的工作後好好安歇；守安息日，再次提醒我們是屬祂的，我們需要專心敬拜仰望，進入祂的安息中，這是在繁忙的工作中，保持身心靈健康的祕訣，也是神給人一條蒙福的誡命，你是否也願意遵守？

· · ·

默想經文

你們的心信得太遲鈍了。（路二十四25下）

你們不肯守我的誡命和律法，要到幾時呢？（出十六28）

神對你說的話	向神的委身

第8天
守安息日（二）

朗讀經文

吹號的、歌唱的都一齊發聲，聲合為一，讚美感謝耶和華。吹號、敲鈸，用各種樂器，揚聲讚美耶和華說：耶和華本為善，他的慈愛永遠長存！那時，耶和華的殿有雲充滿。（代下五13）

頌讚和感恩

代求

個人請求

背景經文：申五1～33

摩西在進入迦南地之前，向新一代的以色列人重申神與上一代以色列人在西奈山所立的約。十誡是以色列人與神之關係的基礎，信仰與社會生活的核心，也成為現今西方社會的倫理原則。守安息日的誡命一再被重申和複述，但是提出守安息日的原因，卻有別於出埃及記二十章11節中所提出的，神用六日創造天地，第七日安息，因此我們要安息。畢德生（Eugene H. Peterson）指出，[1] 申命記曾解釋守安息日的另外一個原因，那就是以色列民的祖先在埃及四百年終日為奴的生活，有損人性的尊嚴，因此在第七日，「無論何工都不可做，使你的僕婢可以和你一樣安息」（申五14下），並以此為紀念。

畢德生指出神用說話來創造天地，創造的過程有它獨特的次序：

> 有晚上，有早晨，這是頭一日……
> 有晚上，有早晨，是第二日……
> 有晚上，有早晨，是第三日……
> 有晚上，有早晨，是第四日……
> 有晚上，有早晨，是第五日……
> 有晚上，有早晨，是第六日。（創一5～31）

我們對一天的理解，是由白天作開始，晚上為結束；有別於希伯來人的計算方式，也有別於神創造天地的韻律：晚上是新一天的開始，然後是早晨。這個理解對我們怎樣看工作有重要的意義，因為所有重要的創造和工作，都是在我們熟睡時發生的，當我們醒來，開始進入工作的時候，大部分的計劃已經被神完成了。我們需要每天尋問神，我們該如何去配合祂已成就的工，而不是求神去祝福我們的計劃！這個領悟也正正帶領我們進入「恩典的韻律」中：當我們熟睡的時候，神已經預備祂的約、祂的救恩，當我們醒來的時候，我們被邀請去參與和分享神的創作，我們只是憑信心去回應，作我們的本分！

你又是否願意進入恩典的韻律中：先恩典後工作；而不是先工作後恩典？你是否願意將工作的憂慮和計劃放在神的手中，深信在你熟睡的時候，神已為你鋪排計劃，你只要按神恩典的編排，做好你自己的本分？

要放下自己的計劃確實不容易，然而這是惟一可以經歷真正的安息，預備自己走下一段的路。因此，「六日勞碌工作，第七日安息」的韻律，是神再一次打破我們漸漸建立的信念：我們可以主宰我們的計劃和工作，而導致「工作不能沒有我，我不能沒有工作」這個信念很容易在不知不覺中萌生，尤其是當工作順利、有成果時，更容易加強先工作後恩典的循環！當我細心去比較有遵守安息日和沒有遵守的分別，察覺到六日繁忙的工作很容易令內在累積一種緊張的催迫，去完成更多未完成的工作和計劃。第七日的安息可以幫助打斷這個張力和催迫，學習欣賞身邊的一景一物，將生命的重心由生產力再轉移去神的大能和恩典中。（參附錄二：安息真義。）一旦略過一次安息的機會，兩個星期的緊張和催迫情緒累積起來，便不容易放鬆和平伏，就容易失去安靜等候神的能力，不停被各樣的工作和煩惱困擾心靈。你是否也察覺遵守安息日與不遵守的分別？

悔改和寬恕的禱告

細想過去的經歷，或開始注意不遵守安息日如何影響了你。因你未能完全信任祂，仍倚靠自己的能力，忽視祂的恩典，為此再一次向神認罪。你是否也能從這條誡命體會天父對我們的悉心眷顧，將最好的安排賜給我們去遵守？告訴祂你的感受：

默想經文

但我們已經相信的人得以進入那安息，正如神所說：「我在怒中起誓說：『他們斷不可進入我的安息！』」其實造物之工，從創世以來已經成全了。（來四3）

神對你說的話	向神的委身

第9天
神的呼召（一）

朗讀經文

耶和華在天上立定寶座；他的權柄統管萬有。聽從他命令、成全他旨意、有大能的天使，都要稱頌耶和華！（詩一〇三19～20）

頌讚和感恩

代求

個人請求

背景經文：出三1，四17

摩西首次被神呼召去帶領以色列人出埃及，他對神的差遣非常疑惑，這可能與他過往的經歷有關：他曾看到兩個希伯來人爭鬥，就問那欺負人的為甚麼打同族的人，那人反而挑戰摩西說：「誰立你作我們的首領和審判官呢？難道你要殺我，像殺那埃及人嗎？」（出二11～15）這次經驗令他明白，雖然他有一腔想去幫助希伯來人的熱誠，並且因為幫助一個被打的希伯來人而殺了那個打人的埃及人，但是他的熱誠卻不被接納，反而會被揭發，以致他需要逃避法老王，立刻離開埃及！

神不只呼召摩西，也呼召你和我去與祂同工。你曾否像摩西一樣，對神給你的呼召產生疑惑，或逃避不去聆聽神向你所發的呼召？

摩西的經歷使他對神的呼召卻步，他回應神說：「我是甚麼人，竟能去見法老，將以色列人從埃及領出來呢？」（出三11）今天，我們是否也被我們過往的經歷所影響，形成對自己有一個固定的負面形象？不敢超越目前的崗位，也不敢有非份之想！

你是否也曾如此問自己：「我是甚麼人，竟可以有這異想天開的想法？」神的呼召，可以是一個微小的聲音。你是否也會如摩西般不經意地推開一些意念或想法？試把一些你曾推開的意念或想法寫下，並且認真去尋問神，這些是否神給你的呼召？

面對摩西的自我質疑，神應許：「我必與你同在」，並且預告將有的結果：「你將百姓從埃及領出來之後，你們必在這山上事奉我」（出三12），這是神給予摩西的質疑的證據。對於你的自我質疑，神是否曾經也給予你一些證據，使你安心前進？如果你記不起過往曾有這樣的經歷，祈求聖靈給你提示。

除了質疑自己的身分外，摩西也質疑自己的能力：「我素日不是能言的人，就是從你對僕人說話以後，也是這樣。我本是拙口笨舌的。」（出四10）你也曾否質疑自己的能力，而不敢去回應神給你的機會、感動、或呼召？請寫下你對自己能力的質疑：

神對摩西的回應是：「誰造人的口呢？誰使人口啞、耳聾、目明、眼瞎呢？豈不是我——耶和華嗎？」（出四11）神應許摩西必賜他口才，指教他當說的話。面對你對自己能力的質疑，安靜在神面前，尋求神給你的回應及應許。

最後，摩西再無其他的藉口可以推搪，到了第四次推脫的時候，他所說的話，大概的意思就是：「祢差遣誰都好，他們都會聽祢的，只是不要差我。」因此，神很憤怒，但仍然忍耐地差派了亞倫作摩西的發言人。對於我們的頑固，神也會感到憤怒；然而，祂仍然很忍耐地接受我們的不願意！

悔改和寬恕的禱告

你是否也在逃避神給你的呼召？又或者你從未去問神，去聽到神的聲音：「我可以差遣誰呢？誰肯為我們去呢？」你是否願意像以賽亞一樣說：「我在這裏，請差遣我！」（賽六8）

向神的委身

. . .

默想經文

照著我所切慕、所盼望的，沒有一事叫我羞愧。只要凡事放膽，無論是生是死，總叫基督在我身上照常顯大。（腓一20）

神對你說的話

第10天
神的呼召（二）

朗讀經文

我要一心稱謝耶和華；我要傳揚你一切奇妙的作為。（詩九1）

頌讚和感恩

代求

個人請求

背景經文：出三十三12～17

在摩西逃避神呼召他帶以色列人出埃及的原因中，除了上一天提及他因過去的經歷而對自己身分及能力的質疑外，他也有因為出於不認識神、懷疑神的能力而作出推搪。因此，他尋問神的名字，以致他可以交代是誰打發他去！這個問題的背後，反映了摩西雖然知道這位神是他父親的神、亞伯拉罕的神、以撒的神、雅各的神（出三6），但是他對神卻沒有親身的認識！你是否也像摩西一樣，在頭腦上認識這一位神、有聖經的知識，卻在生命中未能經歷神，以致未能真正認識祂？告訴神，你對祂的認識有多少，你是否願意真正地經歷祂，對祂有更深的了解？

你是否也如摩西一樣，有些問題想問神，以致你可以明白祂更多？請你告訴祂。

神明白摩西的需要，除了告訴摩西，祂是自有永有之外，祂又教摩西該如何向以色列人說話，並且他們必會聽他的。神又指示摩西，當他和以色列長老去見埃及王時，該說甚麼話，並且也預告了屆時將會發生的事。然而，摩西仍然恐懼：「他們必不信我，也不聽我的話，必說：『耶和華並沒有向你顯現。』」（出四1）

當我們領受神的說話和呼召時，往往也會誠惶誠恐，其中一項恐懼是來自懼怕別人的不相信和不接納。當神呼召我入神學院時，那時已是八月第一個星期，我也有很多的恐懼，怕家人不會接受、神學院不會接受……我需要神學院在收到申請的一個星期後立即給我答覆，才能於三個星期前向公司辭職，立即從多倫多搬去溫哥華，準時入學。我知道這要求是很難的，神學院很少會在一星期內落實入學申請，於是我請求神解開我這些難題，作為神給我的印證。神很奇妙，祂使我在一個星期後收到神學院的答覆，並且我的父母也接受我在等待新公司成立之前，報讀神學！

神也聆聽摩西的恐懼，指示和讓他經歷三個神蹟：杖變蛇、手復原、水變血。你也可以坦白告訴神，你內心的恐懼，求神給你印證：

當摩西最終接受神的呼召，帶領以色列人出埃及，他的生命因著經歷神而改變。相比於昔日摩西推搪神的呼召，從出埃及記三十三章摩西與神的對話中，摩西的禱告顯示出他如今已真正認識神。面對百姓拜金牛犢後，神決定不與他們同去。摩西首先向神堅持，這是神給他的呼召，將這些百姓領到迦南地；然後，他抓住神給他的應許，央求神，要求神將祂的道指示給他，以致他可以認識神。摩西知道神必應允那些合乎祂心意的禱告。然後，他要求神把對他的恩典延伸至以色列民，不只指引他，與他同去，也與百姓同去，因為他們也是神的子民。

摩西的禱告蒙神的悅納，神不只將祂的道指示給摩西，並且必親自與他同去和給他安息！摩西不只滿足於神對他的恩典和應許，更加強調神一定要親自與他和百姓們同去，不然就不要去應許之地。因為沒有神的同在，就不能分別他們是屬神的子民，別人又怎樣知道這羣是在神面前蒙恩的人呢？對於摩西的堅持，神接納他的要求，並且解釋神的接納只是因為摩西在神眼前蒙了恩，神恩待他的請求，並不是因為他的表現或功績！

摩西與神的這段對話有沒有震撼或感動你的心呢？相比摩西對神的認識，你對神的認識有多少？摩西的禱告有否令你明白如何向神表達你的請求？

悔改和寬恕的禱告

你的生命中是否有些難題未能解決？以摩西的禱告作為借鏡，你可以怎樣向神祈禱？你的重點是求神改變外在的困難和人，還是求神讓你在這個困境中讓你更深的明白祂，求神將祂的道指示給你，讓你可以更認識神？你可以求祂賜下「必與你同在」的應許，讓你可以更深體驗祂的慈愛：

...

默想經文

神的神能已將一切關乎生命和虔敬的事賜給我們，皆因我們認識那用自己榮耀和美德召我們的主。（彼後一3）

神對你說的話	向神的委身

第11天
神的同在

朗讀經文

我必稱頌那指教我的耶和華；我的心腸在夜間也警戒我。我將耶和華常擺在我面前，因他在我右邊，我便不致搖動。因此，我的心歡喜，我的靈快樂；我的肉身也要安然居住。（詩十六7～9）

頌讚和感恩

代求

個人請求

背景經文：詩四十六1～11

當以色列人為自己鑄了一隻金牛犢後，神曉諭摩西，祂會差派使者帶領他們去流奶與蜜之地，而神不會與他們同去，恐怕在路上祂已把這羣硬著頸項的百姓滅絕（出三十三2～3），摩西拒絕接受，說：「你若不親自和我同去，就不要把我們從這裏領上去。」（出三十三15）為何摩西如此執著，不願意只接受迦南地的應許，而堅持神的同在？百姓聽見這凶信就悲哀，把身上的裝飾除下（出三十三4）。究竟神的同在為甚麼如此重要？你所尋求的是神的祝福或祂的同在？

詩篇四十六篇描述一個「神在其中」的經歷：地在改變、山在搖動、水匉訇翻騰、山因海漲而戰抖。然而，我們也不害怕，我們所住的城必不動搖，並且深信到天一亮，神必幫助！這就是神的同在與否的分別！神的同在是指：

> 作我們焦慮時的避難所，
> 恐懼時所需要的力量，
> 危難時隨時的幫助，
> 這是在黑暗的等待中，持守著「神必幫助」的信念。

你生命中是否也曾有過神同在的經歷？請你描述，在這個經歷中，神同在對你有甚麼意義，也請為你所領受的感謝神。如果你未曾經歷或希望更深經歷神的同在，你可以向神禱告祈求，讓你可以更明白或更深經歷神的同在：

若要經歷神的同在，便要觀察神的作為：「你們來看耶和華的作為，看他使地怎樣荒涼。他止息刀兵，直到地極；他折弓、斷槍，把戰車焚燒在火中。」（8～9節）觀察的過程需要靜止活動，留心注意，因此其中最重要的元素是休息：我們要知道祂是神，掌管世界一切，祂必得勝，並且祂的名字必被尊崇。因此，無論面對怎樣的危難，我們也可以安息其中，觀看神的作為！

你是否也願意學習休息的功課，在緊張危難的困境中，要安靜休息，不要再逃避面對問題或用自己的方法自救，而是安心倚靠神，聆聽祂的指示和帶領？不休息，就不能經歷神的同在！如果我們不斷在大海中掙扎，神又如何幫助我們，我們又怎樣聽到神的聲音呢？你可向神發出你的呼聲：我應如何休息？告訴祂你不能休息的難處，求祂幫助你去突破：

休息的功課並不容易，其中需要對神有絕對的信心，要深信神有大能超越世上一切權勢；神有慈愛，不會因我們的過犯而向我們掩臉；神的智慧遠超人的思維，就算我們不明白為何如此安排，仍然相信神有祂的美意！

默想經文

你的瀑布發聲，深淵就與深淵響應；你的波浪洪濤漫過我身。白晝，耶和華必向我施慈愛；黑夜，我要歌頌禱告賜我生命的神。（詩四十二7～8）

神對你說的話

悔改和寬恕的禱告

回想神在你生命中的帶領，你是否也看到祂的大能、慈愛和智慧？告訴神你的小信和在信任這功課上的需要：你可以學效詩人的禱告：「求你發出你的亮光和真實，好引導我，帶我到你的聖山，到你的居所！我就走到神的祭壇，到我最喜樂的神那裏。神啊，我的神，我要彈琴稱讚你！」（詩四十三3～4）告訴神你的心願和渴求：

向神的委身

第12天
再度疑惑

朗讀經文

我好發稱謝的聲音，也要述說你一切奇妙的作為。耶和華啊，我喜愛你所住的殿和你顯榮耀的居所。（詩二十六7～8）

頌讚和感恩

代求

個人請求

背景經文：出三十二1～29

摩西進入雲中，在山上四十晝夜，領受神的律令及一切的細則，但以色列人因久未見摩西下山，開始起疑惑的心，對摩西的帶領失去信心，也對神失去信心，開始以自己的方法去拯救自己，想要鑄造一個神像，於是向亞倫發出要求，亞倫就答應為他們做金牛犢！

從客觀的角度去分析，我們可能會認為以色列民太小信，為甚麼如此輕易便懷疑神的能力和說話呢？如果我們真的代入以色列人的處境——摩西失蹤四十天，他們聽不到神的聲音，也看不到神的帶領——我們很可能也會起疑惑的心，用自己的方法去幫助自己！

神蹟奇事雖然讓人震撼，但是經歷過後，往往也會容易產生疑惑的心，明明知道是真實的，但是仍然有點不敢相信。細想最近發生的事件中，你是否也起了疑惑的心？

今天因為要完成一份報告，心情因此變得沉重，我問自己：「神不是明明應許與我同在和給予能力嗎？為何我不是滿有喜樂的呢？」今天早上把昨天未完成的靈修札記寫完，跟著有點迷惘，今天要寫甚麼呢？在摸不著石頭過河的那一刻，我的信心有點動搖，心裏暗忖：或者不一定要每天都寫一篇吧？兩天寫一篇不也可以嗎？

疑惑的心非常容易產生，連當事人也未必為意自己心中起了疑惑。但是，當你開始感到心情沉重、缺乏喜樂，那就是失去神同在的徵狀；在不為意間，已經心有疑惑，失去屬靈的能力了。能夠警醒，及時禱告悔改，讓真理再一次進入心裏。就如患了二十年血漏的女人，因著信，就能經歷耶穌醫治的能力（參路八43～48）。

你有沒有察覺自己在甚麼時候或情況下，特別容易對神起疑？把這個起疑的過程寫下來，以致令自己更清晰，幫助日後警醒自己，也把不同情況下起疑的過程記錄下來，作為提醒。

屬靈的能力來自於信心的操練，失去能力就是失去信心的徵狀，就如耶穌經常問門徒：「你們的信心在哪裏呢？」（路八25）問題的核心往往是缺乏信心，就如耶穌對被鬼附的孩子的父親說：「你若能信，在信的人，凡事都能。」（可九23）面對人的不信和疑惑，神的能力便不會彰顯；耶穌因拿撒勒人的不信，就在那裏不多行異能（參太十三58）。

耶穌說：「你們若有信心，像一粒芥菜種，就是對這座山說：『你從這邊挪到那邊』，它也必挪去；並且你們沒有一件不能做的事了。」（太十七20）被鬼附的孩子的父親回應耶穌說：「我信！但我信不足，求主幫助。」（可九24）你又如何向神回應你的小信和疑惑呢？

悔改和寬恕的禱告

面對自己不斷對神產生懷疑，不信祂的慈愛和信實，你有甚麼感受？如果你是神，面對人不斷的質疑，你又有甚麼感受？你曾否因自己的小信而怪責神缺乏能力？把你的困難和掙扎告訴神，請祂幫助：

・・・

默想經文

信神所差來的，這就是做神的工。（約六29）

我就是生命的糧。到我這裏來的，必定不餓；信我的，永遠不渴。只是我對你們說過，你們已經看見我，還是不信。（約六35～36）

神對你說的話	向神的委身

第13天
罪的傷害

朗讀經文

耶和華的聖民哪，你們要歌頌他，稱讚他可記念的聖名。因為，他的怒氣不過是轉眼之間；他的恩典乃是一生之久。一宿雖然有哭泣，早晨便必歡呼。（詩三十4～5）

頌讚和感恩

代求

個人請求

背景經文：出三十二30～三十三11

以色列民為自己鑄造了金牛犢，惹起神的烈怒，要將他們滅絕，讓摩西的後裔成為大國（出三十二10）。摩西為以色列民懇求神：這羣百姓是由祂大能的手所拯救出來的，祂曾應許他們列祖，要將迦南地賜給他們，並且不要被埃及人取笑，因此，不要降禍於百姓。最後神後悔，不滅絕百姓，但是，神只派使者領他們上去，自己卻不與他們同去，恐怕在路上把這羣硬著頸項的百姓滅絕了。

細想如果你是神，你會有甚麼感受？你又會怎樣去處理這羣硬著頸項的百姓？回想當日你怎樣憐憫他們在埃及的哀求，拯救他們離開埃及，在曠野為他們爭戰，供應他們一切所需，引領他們去流奶與蜜之地，並且與他們立約，向他們顯現。但是轉瞬間，他們為自己鑄造金牛犢作為他們的神，你會有甚麼感受？你是否也會想把他們滅絕，不再與他們同去？面對摩西的請求，你又如何回應？

當你從神的角度去看罪，你對罪有沒有一個不同的感覺？從犯罪者的角度來看，我只是做錯一件事而已，何必把我們滅絕呢？但是，從神的角度看，由於神有如父母愛子女般愛護這羣百姓，選他們成為自己的子民，與他們立約，確定一個一生一世的永久關係，也為這關係訂立一套生活行為的指引和守則。然而，當人蔑視神所訂立的界限，漠視彼此的關係，對神來說，確是一個極大的傷害。以色列人沒有尊重神的主權和地位，也刺傷神對人所付出的慈愛和包容！當我們成為父母，或曾對一段關係付出自己的感情的時候，便較能明白我們的罪對神的傷害有多深！

以前我犯了錯，便很怕被神懲罰，只要能避過犯罪的惡果，心情就立時變得輕鬆愉快，但卻繼續依然故我，屢錯屢犯，從來沒有想過神的感受，只覺得祂很遙遠，我的罪也不怎影響到祂！後來與神建立一個較親密的關係後，我開始意識到犯罪不只是個人的選擇和獨自承擔後果，它更會傷害深愛我的神和人。自此，我對罪的理解和意識有了改觀：以前我認為拜偶像、傷害別人、不道德的行為才是罪，至於小信、不願意誠實面對神、不尋求祂的指引、自作主張、或不將祂放在生命的中心並不算是罪，也沒有甚麼大問題！後來神令我明白，這些行為會傷了神的心，因為我並沒有正視祂是神，也沒有接受祂在我生命中掌權，只是當祂是我危難中的救生圈，在平順的日子中卻沒有顧及祂的感受！不知道你是否也是如此？

你曾否想到你的罪如何令深愛你的神傷心？如果你是神，面對你曾犯的罪，會有何感受？想到撒但在你面前控訴你所深愛和拯救的兒女所犯的罪，你心情會如何？今天的你，對自己所犯的罪是否只有歉意和內疚？你有沒有想到自己的罪如何傷透天父的心？把你的感受向神傾訴：

* * *

默想經文

耶穌卻往橄欖山去，清早又回到殿裏。眾百姓都到他那裏去，他就坐下，教訓他們。文士和法利賽人帶著一個行淫時被拿的婦人來，叫她站在當中，就對耶穌說：「夫子，這婦人是正行淫之時被拿的。摩西在律法上吩咐我們把這樣的婦人用石頭打死。你說該把她怎麼樣呢？」他們說這話，乃試探耶穌，要得著告他的把柄。耶穌卻彎著腰，用指頭在地上畫字。他們還是不住地問他，耶穌就直起腰來，對他們說：「你們中間誰是沒有罪的，誰就可以先拿石頭打她。」於是又彎著腰，用指頭在地上畫字。他們聽見這話，就從老到少，一個一個地都出去了，只剩下耶穌一人，還有那婦人仍然站在當中。耶穌就直起腰來，對她說：「婦人，那些人在哪裏呢？沒有人定你的罪嗎？」她說：「主啊，沒有。」耶穌說：「我也不定你的罪。去吧，從此不要再犯罪了！」（約八1～11）

悔改包含了兩個行動：首先是明白到自己所做的如何傷害對方，因而感到後悔，願意坦誠向對方承認自己的錯失；然後是改過自新，不再重犯。只知「悔疚」而不知「改過」，不是真正的悔改。

神對你說的話

悔改和寬恕的禱告

面對自己曾傷害神的地方，你是否有悔改之心？向神認罪，求祂賜力量給你，不要再犯同一個罪，再傷害祂的心。

向神的委身

第14天
神的榮耀

朗讀經文

你們要稱謝耶和華，求告他的名，在萬民中傳揚他的作為！要向他唱詩歌頌，談論他一切奇妙的作為！要以他的聖名誇耀！尋求耶和華的人，心中應當歡喜！（詩一〇五1～3）

頌讚和感恩

代求

個人請求

背景經文：出三十三18～三十四9

摩西的懇求蒙神悅納，因為他所要求的，著眼點不是神給予他甚麼好處或能力，而是更認識神，追求神的同在，讓人知道他們是屬神的子民！他們是分別為聖的一輩，也就是指一輩帶有神同在的印記的屬神子民。因此，最重要的，並不是進入迦南地，而是神的同在。沒有神的同在，人心靈的需要便不能滿足。所以，基督徒的定義，並不只是指一班被基督所救贖的人，而是有基督住在心裏，與主同行的人！生命的著眼點，不是追求造物者所能給予的好處，而是造物者本身。能夠如摩西般與神建立一個親密的朋友關係，是生命中最大的滿足！一生中都能夠與神同行，關係親密如知己密友，那就是一生中最大的祝福，遠超於一切榮華富貴和人世間的愛！

你一生所追求的是甚麼？你尋求神的祝福、保守和保護，還是尋求更認識神和與祂建立更親密的關係？

當神應允了摩西要神親自同去的要求後，他理應很滿足——他和神的關係已經非常親密，能夠與神面對面說話，好像人與朋友說話一般（出三十三11）——然而，他卻仍覺不足。於是，摩西藉著在神眼前蒙恩，要求目睹神的榮耀。然而，神的榮耀在埃及與曠野所行的神蹟中，不是已不斷向以色列人顯現了嗎？

- 神（耶和華）的榮光在雲中顯現（出十六10）；
- 耶和華在火中降於山上。山的煙氣上騰，如燒窰一般，遍山大大地震動……神有聲音答應他（摩西）（出十九18～19）；

- 眾百姓見雷轟、閃電、角聲、山上冒煙，就都發顫，遠遠地站立（出二十18）；
- 耶和華的榮耀在山頂上，在以色列人眼前，形狀如烈火（出二十四17）……

因此，對於耶和華的榮耀，摩西應該不會感到陌生。而且，神曾在摩西、亞倫和米利暗三人面前説明，祂與摩西的關係與其他的先知不同：神會透過異象和夢中向先知説話，惟有與摩西，卻是面對面説話，乃是明説，不用謎語，並且他必見神的形象（民十二5～8）。所以，摩西再求神顯出祂的榮耀，是他渴求更認識神的表現，而不是出於好奇。

神的恩慈就是祂的榮耀，祂選擇展示祂的恩慈，而不是大能的榮耀，其中最重要的，是神藉此宣告，祂的恩慈和憐憫並不是按人的表現而施予，乃是祂白白賜予的恩典。因此，無人可以透過行為賺取神的恩慈；然而，祂的公義卻令祂不會隨便加怒於任何人！藉著神如何處理摩西的請求，神的慈愛更清楚地顯示給我們看，祂知道摩西身為一個人的限制，若他見到祂的面便不能存活，神體貼地放他在磐石穴中，用祂的手遮掩他，然後讓摩西得見祂的背！

悔改和寬恕的禱告

你一生中最渴望的是甚麼？甚麼可以令你心靈滿足？如果你不清楚，可以求聖靈打開你的心眼，使你知道。把你的渴求告訴神，也求祂讓你知道，這渴求是否你心底真正的需要。

雖然神有權選擇向誰施恩、憐憫，然而，神的本質是滿有憐憫和恩典，不輕易發怒，並有豐盛的慈愛和誠實，赦免罪孽和過犯；因此，我們可以因著神的應許和宣告，大膽向神求。你有沒有摩西的渴望，想一見神的榮耀，讓你更認識祂？或你會有不同的需求？請你告訴神：

...

默想經文

至於我，我必在義中見你的面；我醒了的時候，得見你的形像就心滿意足了。（詩十七15）

除你以外，在天上我有誰呢？除你以外，在地上我也沒有所愛慕的。（詩七十三25）

神對你說的話	向神的委身

第15天
神的智慧

朗讀經文

我要時時稱頌耶和華；讚美他的話必常在我口中。我的心必因耶和華誇耀；謙卑人聽見就要喜樂。你們和我當稱耶和華為大，一同高舉他的名。（詩三十四1～3）

頌讚和感恩

代求

個人請求

背景經文：出三十五1～三十六1

人往往質疑自己的能力，焦慮煩憂的情緒，是從關乎自己是否有能力應付的擔心而來的。我的能力是否被欣賞、被接納？有很多人不敢去接受挑戰、怕自己能力不逮；也有些人接受挑戰後，很憂慮自己的表現不夠理想，怕承受失敗、不被接納的後果；也有甚麼也不做，只妒忌別人散發光芒的表現！你怎樣評估自己的能力？若以一分代表完全無能力，十分代表非常充滿能力，你給予自己的評分有多少？為何給予自己這個分數？

你為自己所打的分數，與別人給你打的分數是否一樣？你有沒有高估或低估自己的能力？你又是否能夠接受目前自己真正的能力，而不需要掩飾自己的缺點，或過分要求完美？

人對自己的能力存疑是無可厚非的，因為人的能力和力量都是有限的，並不一定能夠應付生命中所有的困難和挑戰！問題是人怎樣面對自己焦慮的情緒和能力的限制。其中有兩種極端的表現：恐懼、不敢接受挑戰、裹足不前，停留在自己安全的領域；或依靠自己的能力，不斷鞭策，要求完美，要有更出色的表現！你傾向哪一端呢？

神吩咐這羣曠野中的以色列人按祂的指示建立會幕，並會幕的器物及祭司的聖衣。這些任務對他們來說是完全嶄新的，是他們在埃及沒有學過和做過的；然而，重點不是他們的能力，而是神「使他們的心滿有智慧，能做各樣的工，無論是雕刻的工，巧匠的工……並機匠的工，他們都能做，也能想出奇巧的工」（出三十五35）。其中多處經文更指出，耶和華使他們心裏靈明，能教導人。

這個經歷對以色列人是一個寶貴的功課：人所不能做的，神都可以賜予智慧去完成，一切的聰明、智慧、心裏靈明，教導人的能力都是源自於神；所以，人可以學習去依賴神的智慧，這便足以面對生命中一切的困難！走出自己傾向的表現：從不敢面對挑戰，學習倚靠神的智慧，去踏出自己安全的領域；從不再倚靠自己的能力，接受自己的限制，不再要求自己而去倚靠神的智慧！

• • •

默想經文

你要專心仰賴耶和華，不可倚靠自己的聰明，在你一切所行的事上都要認定他，他必指引你的路。（箴三5～6）

你所喜愛的是內裏誠實；你在我隱密處，必使我得智慧。（詩五十一6）

神對你說的話

當日神感動我留在洛杉磯申讀臨牀心理學的課程，於是便向兩間研究院遞交了申請。但是，神只為我預備了其中一間研究院來收錄我，而另外一間學院卻只收到我遞交的部分申請資料。我覺得很奇怪，也感到不解，為甚麼一間可以收齊我的資料，而另一間卻只收到部分資料？於是尋問神，向祂投訴，因為我認為收錄我的這間學院裏，教授團的人數不多，我擔心未能獲得高質素的教學。神就安慰我說，祂會親自教導我，於是我就安心！一直以來，神堅守祂的諾言，聖靈給我的教導，給我智慧去明白深奧的道理，是遠超過任何一個課程所能提供的！

悔改和寬恕的禱告

你是否願意相信神所賜的智慧是足夠有餘，可以成為你的保障和應許？因此，你不需要把你的安全感建基於外在的依靠或自己的能力上，也不需要憂慮自己能力不逮，當你專心尋求神的智慧，祂所給的足以使你能作各樣的巧工，超乎你的所想所求！你是否願意相信？告訴神你的決定：

向神的委身

第16天
等候神（一）

朗讀經文

我的心哪，你為何憂悶？為何在我裏面煩躁？應當仰望神，因他笑臉幫助我；我還要稱讚他。（詩四十二5）

頌讚和感恩

代求

個人請求

背景經文：賽三十15～26

當亞述大軍南下迫向耶路撒冷，猶大王希西家向埃及求援，以賽亞先知直斥其非，指希西家不尋求神的幫助，信任埃及兵隊多過信任神！在危難的時候，人自然的傾向是逃跑或抓住強大勢力的作為倚靠，然而，騎馬奔走的必被更快的牲口所追趕，倚靠強大勢力的，必被其力量所羞辱，惟有等候耶和華的，必為有福（參賽三十16～18）！你是哪一類型的人，是傾向逃避問題或是用自己的方法（包括借他人的力量）去解決問題？

等候神的過程是困難的，在面對危難的時候，人的自然傾向便是要做些事情。無論是保障自己能逃得快，或倚靠看得到的勢力，都是自然的反應。因此，要在緊張危難中仍然安靜等候尋求神，是需要練習和操練的。你是否也有此願意的心？

等候神有兩個重要的元素：「你們得救在乎歸回安息；你們得力在乎平靜安穩。」（賽三十15）《新國際譯本》（NIV）的譯文能更清晰地表達出這兩個重要元素：（1）回轉和安息是你們的救恩；以及（2）安靜和信任是你們的力量。它清晰地指出，我們最佳的幫助，不是靠自己的能力苦苦掙扎，而是向神回轉，重新調校生命的重心，並且放下自己的努力，安靜觀望神的作為，這就是我們得救的方法。得力的祕訣就是在安靜中信任神，而不是信任自己或其他的勢力。因此，在等候神的過程裏，我們好像甚麼也沒做，好像在浪費時間，其實等候的過程中，已經有莫大的屬靈力量在運作。

信心是屬靈能力的是核心元素，不信是我們最大的問題：我們是因著信耶穌而能夠白白領受救恩，而不是依靠我們的表現。「在信的人，凡事都能。」（可九23）因此，人不能行使屬靈能力，並不是因為神沒有賜予屬靈的權柄和能力，而是因為他們沒有信心，不能行使已經給他們的權柄。就如門徒未能醫治被鬼附的孩子，是因為門徒的小信（參太十七15～21）！

因此，當等候神而未能得到清晰的回應時，不要覺得自己是在浪費時間、空等、白等、對空氣説話，那是操練信心的過程：只要我們回轉歸向神，放下自己的意願，並且安靜觀看神的作為，在甚麼都沒發生的過程中，仍然相信神會工作。這樣的等候會發揮出屬靈的能力，並不是徒然的！

你過去有沒有曾因為聽不到神的聲音而感到挫敗和失望，繼而放棄？把你的感受告訴神：以為沒有聽到神的聲音是因為神太忙、自己不重要、神不愛自己、自己不屬靈或自己不是好的基督徒等等！求神改變你的錯誤想法，求祂給你一個正確的理解：

悔改和寬恕的禱告

在你成長的過程中，如果你的父母並不是你可以完全信任和依靠的對象，那麼，你在學習等候的功課上，可能會比別人碰上更多的困難。在我們的生命中，父母是我們最早認識也是最重要的權威，如果我們不能從他們身上學會信任，就更難去相信其他權威，更別提相信那看不到的神。我們會不期然地把對父母的不信任轉移到天父身上（心理學稱之為「投射」），以致信仰的歷程中，學習信任天父變得非常困難，可能需要花很長時間去考驗這位神是否真的可信，才肯踏出信心一步。如果你也有將不信任轉移到天父身上，告訴祂你的困難，向祂認罪，求祂幫助你學習不再將不好的父母形象投射到祂身上！

・・・

默想經文

當將你的事交託耶和華，並倚靠他，他就必成全。（詩三十七5）

耶和華必然等候，要施恩給你們；必然興起，好憐憫你們。因為耶和華是公平的神；凡等候他的都是有福的！（賽三十18）

神對你說的話	向神的委身

第17天
等候神（二）

朗讀經文

我的心哪，你為何憂悶？為何在我裏面煩躁？應當仰望神，因我還要稱讚他。他是我臉上的光榮，是我的神。（詩四十二11）

頌讚和感恩

代求

個人請求

背景經文：出四十1～38

當以色列人按神的指示造好會幕，並一切的器物和聖衣，下一步的學習就是等候神。這是每一個信徒都要學習的功課。如果我們想恒常地經歷神的同在，就要等候神的指引和帶領，不然我們就是走在自己的路上，活在自己的計劃中！

摩西清晰地要求神與他們同去，顯然明白「我〔神〕的意念非同你們的意念；我的道路非同你們的道路」（賽五十五8～9）的道理。然而，我們是否真的相信神的計劃比我們心想的更好？當我們認為這是推行計劃的大好時機，然而這卻並不一定是神的心意，神所看重不一定是事情順利及成功地完成，而是我們的生命在過程中有沒有被造就和改變！

等候神就是放下自己認為最好的方法和計劃。眼白白放棄一個良機並不容易，但是就在放棄的這一刻，你同時也開放了自己給原先設定的想法之外的機會！因此，學習安息是等候神的關鍵，安息是放下自己手所作的工，若不能安靜下來，是不能聽到神的聲音的，也不能洞悉神的作為！你是否也願意學習等候神，敢於去接受自己計劃之外的各種可能性，去親身體會神的意念非同人的意念？

在等候神的過程中，往往最大的困難是不能辨別神的聲音和旨意，感到自己好像在浪費時間、不知道神會否回應。這些迷惘的感受令人很快就想到要放棄，草率地下結論：一定是神太忙、不一定會向自己說話，或自己不夠屬靈等等！

能夠辨別神的聲音，明白神的心意是一個操練的過程：當以色列人憑信心跟隨摩西走出埃及時，他們也不明白等候神是怎樣一回事，過程中他們經歷神用雲柱火柱指引他們前面的路，其中經歷了神的榮光在雲中顯現（出十六10）；神在雷轟、閃電、角聲、山上冒煙中降臨（出二十18）；也經歷神在火中降於山上，山的煙氣上騰，如燒窰一般，遍山大大的震動（出十九18）；從而漸漸明白如何分辨神的臨在和指引。每一個人在經歷神的過程中，都要去學習辨別，神如何在你的生活中給你微聲或雷聲、雲柱或火柱，祂如何向你彰顯祂的榮耀！

回想過去神曾經怎樣引領你？你是怎樣洞悉神的旨意和帶領？

初信的我，曾覺得尋求神的心意是一件非常迷惘和困難的事：對聖經不熟悉，對神也缺乏認識，更加不知道怎樣去辨別神的聲音。但是，隨著信主的年日漸漸增加，慢慢學習透過用外在環境去求問神的心意，請神把不合心意的門關上，也請屬靈長者及同伴去代禱，互相印證這個決定有否從神而來的平安，也開始求神賜下話語作為指引；

當熟悉神的話後，有時腦中會突然浮現一段經文或一句說話，而那刻心裏很清楚是神向自己說話；當對神的敏感度增加後，漸漸開始意識到半夜睡醒或不眠時，神正催促自己去禱告尋求神，窗外的雷鳴鳥聲和應著神給予的感動。其實這就是一個靈命成長的歷程，在不同的困難中持續尋問神的心意，只要我們願意叩門，神必開門。尋找的必尋見（太七7），只是我們需要慢慢去經歷和明白。

你是否也渴望等候神，聆聽祂的聲音？把你的心願告訴神，神會悅納你的渴求！也求神給你一個回應，讓你更加確定祂是一位會回應及指引的神：

悔改和寬恕的禱告

求神給你力量，不要對神抱著懷疑的心。作為祂的羊，我們需要繼續有耐性地去認識祂、等候祂和辨別祂的聲音！

神喜悅我們凡事去尋問祂，「無論做甚麼，或說話或行事，都要奉主耶穌的名」（西三17）。記得有一年，適逢蕭壽華牧師安息年在福樂神學院進修，有機會與他成為鄰居，有一次我去邀請他參加一個學生的聚會，他很認真告訴我，要祈禱尋問神的心意。我心中有點驚訝，如此的小事也要去尋問神？我們往往以為只需在大的決定上去尋問神，而生活小事自己決定就可以，如果一定要等到神的回覆，就甚麼事也不能做。其實，這就是反映對神的認識不夠，對神的聲音不熟悉的表達，作為主的羊，將主放在生命中的首位，這是心態上的改變，就如已結了婚的夫婦，凡事需要諮詢配偶的意見，不能自作主張。我們基督徒的生命也是如此，操練凡事尊主為大，在尋問的過程自然要學習聆聽神的聲音！你是否願意凡事尋問神的心意？可以從每天的小事中學習，例如：問神今天應該先完成哪件工作？今天中午休息的時間如何打發？今天要為誰祈禱？今天的心情為何如此沉重？

• • •

默想經文

我已經告訴你們，你們不信。我奉我父之名所行的事可以為我作見證；只是你們不信，因為你們不是我的羊。我的羊聽我的聲音，我也認識他們，他們也跟著我。（約十25～27）

神的眾子啊，你們要將榮耀、能力歸給耶和華，歸給耶和華！要將耶和華的名所當得的榮耀歸給他，以聖潔的妝飾敬拜耶和華。耶和華的聲音發在水上；榮耀的神打雷，耶和華打雷在大水之上。耶和華的聲音大有能力；耶和華的聲音滿有威嚴。耶和華的聲音震破香柏樹；耶和華震碎黎巴嫩的香柏樹。他也使之跳躍如牛犢，使黎巴嫩和西連跳躍如野牛犢。耶和華的聲音使火焰分岔。耶和華的聲音震動曠野；耶和華震動加低斯的曠野。耶和華的聲音驚動母鹿落胎，樹木也脫落淨光。凡在他殿中的，都稱說他的榮耀。洪水泛濫之時，耶和華坐著為王；耶和華坐著為王，直到永遠。耶和華必賜力量給他的百姓；耶和華必賜平安的福給他的百姓。（詩二十九篇）

安靜留心聆聽耶和華所發出的聲音！

神對你說的話	向神的委身

第18天
與主同行——遵守神的旨意

朗讀經文

他使我口唱新歌，就是讚美我們神的話。許多人必看見而懼怕，並要倚靠耶和華。那倚靠耶和華、不理會狂傲和偏向虛假之輩的，這人便為有福！耶和華——我的神啊，你所行的奇事，並你向我們所懷的意念甚多，不能向你陳明；若要陳明，其事不可勝數。（詩四十3～5）

頌讚和感恩

代求

個人請求

背景經文：利二十六1～48

等候神是操練信心的功課；而遵行神的吩咐，把信心成為具體化的行動，就是實踐信心的功課！兩者皆是學習信心的功課上必要的操練，然而，不同性格背景的人，會有不同的傾向和擅長之處：性格較內向、喜歡獨處的人較喜歡操練等候神；而性格開朗外向的人，則較喜歡實踐，憑信心去接受新的挑戰，從中去經歷神的帶領和幫助。兩者都是經歷神、生命成長的歷程。然而，學習操練自己並不擅長、不慣常的一面，對屬靈生命的成長是很重要的！

由舊約時期，神與人立約的內容，以至新約時期的耶穌教訓，遵行神的誡命和旨意，是貫串整本聖經的核心信息，而神應許會賜以下的祝福給那些愛祂又遵行祂旨意的人（參利二十六4～12）：

· 祝福我們手作的工（4節）
· 生活得飽足（5節）
· 平安得保護（6節）
· 賜與能力（7～8節）
· 家庭蒙福（9節）
· 所賜的超過我們所需要（10節）
· 無限的慈愛和恩典（11節）
· 永遠屬於神（12節）

嘗試重讀利未記二十六章3至12節，把經文中的「你們」改作「你」，想像這些應許是神給你的應許、對你說的話，你心中會有甚麼感受？你是否相信神的應許會真的實現於你生命中？如果你仍有任何懷疑，請把你的疑慮告訴神。最後，你會如何回應神的邀請？

回顧你過往的生命，當你遵行神的旨意和誡命後，結果如何？神有沒有按祂的應許祝福你？

當你在過往日子，有些事情沒有遵行神的旨意，用自己的方法，憑自己的私慾而行，結果又如何？有神的祝福和沒有神的祝福有甚麼分別？

當我們遵行神的吩咐，就是祂的朋友，以後不再被稱為僕人（約十五14～15）。僕人與朋友的分別，就是僕人不知道主人所作的事，而朋友會商量大家所作的事。這是神給我們的另一個應許，祂給我們一個與祂做朋友的權利，我們可以認識祂！你又是否接受自己是「神的朋友」這身分？對於能成為「神的朋友」，你有甚麼感受？

與主同行的生命不只蒙福，那種關係更有如朋友般親切，神願意開放自己，讓我們去認識祂，並且讓我們常在祂的愛裏，我們在祂裏面，祂也在我們裏面（參約十五4～10），你是否曾經歷過這種微妙的關係？難怪摩西堅持，沒有神與他同往，他就不願意帶領以色列人進入流奶與蜜之地，相比神的同行，流奶與蜜之地即使多好，也變得微不足道！

悔改和寬恕的禱告

向神承認你過往的自以為是，今天你是否願意立志遵行神的吩咐，成為祂的朋友，每天活在祂裏面呢？請告訴神：

. . .

默想經文

感受耶穌親自向你說這一段話：「我是真葡萄樹，我父是栽培的人。凡屬我不結果子的枝子，他就剪去；凡結果子的，他就修理乾淨，使枝子結果子更多。現在你因我講給你的道，已經乾淨了。你要常在我裏面，我也常在你裏面。枝子若不常在葡萄樹上，自己就不能結果子；你若不常在我裏面，也是這樣。我是葡萄樹，你是枝子。常在我裏面的，我也常在他裏面，這人就多結果子；因為離了我，你就不能做甚麼。人若不常在我裏面，就像枝子丟在外面枯乾，人拾起來，扔在火裏燒了。你若常在我裏面，我的話也常在你裏面，凡你所願意的，祈求，就給你成就。你多結果子，我父就因此得榮耀，你也就是我的門徒了。我愛你，正如父愛我一樣；你要常在我的愛裏。你若遵守我的命令，就常在我的愛裏，正如我遵守了我父的命令，常在他的愛裏。這些事我已經對你說了，是要叫我的喜樂存在你心裏，並叫你的喜樂可以滿足。你要愛人如己，像我愛你一樣；這就是我的命令。人為朋友捨命，人的愛心沒有比這個大的。你若遵行我所吩咐的，就是我的朋友了。以後我不再稱你為僕人，因僕人不知道主人所做的事。我乃稱你為朋友；因我從我父所聽見的，已經都告訴你了。不是你揀選了我，是我揀選了你，並且分派你去結果子，叫你的果子常存，使你奉我的名，無論向父求甚麼，他就賜給你。」（參約十五1～16；引文經作者修改，「你」在《新標點和合本》中，原作「你們」。）

神對你說的話	向神的委身

第19天
恐懼失望

朗讀經文

我必叫你的名被萬代記念，所以萬民要永永遠遠稱謝你。（詩四十五17）

頌讚和感恩

代求

個人請求

背景經文：民十三～十四章

以色列民經過艱辛的曠野路程，到達了神應許他們那流奶與蜜之地的邊境，心情既興奮又緊張，為了慎重行事，要求派探子去窺探全地，神接納了百姓的要求，然而，當十二個探子的回報不一致時，百姓選擇相信報惡信的探子，而不願意相信神及另外兩個探子的說話（另參申一19～28）！

今天，我們回望以色列人當天的決定，覺得他們真的愚蠢極了，他們為何不願意相信神的話，而去聽從人的話，質疑神的信實和能力呢？然而，在每天的生活中，我們是否也是重蹈他們的覆轍，也是選擇相信人的說話和外在環境的狀況，而不敢走在神為我們預備的道上？

以色列人曾與亞瑪力人爭戰，經歷了神的大能（出十七8～16），也親眼看見神為他們爭戰，用海水淹沒了埃及的軍隊（出十四14～29），然而，為甚麼他們仍然相信人的說話，而不相信神？面對一些我們認為不重要的事，我們可能較為容易相信神，因為即使不成功也無所謂，不會太失望。但是，在我們認為愈要緊的事上，我們卻愈難去相信神，因我們恐怕會更失望，又或怕神不允許或祝福，所以更想由自己來掌握大局。因此，在那些我們自認為很重要的事情，往往因我們畏首畏尾，不敢相信和交託於神的手中，而要用人的方法去行，終於導致失敗！

以色列人離開埃及，夢想進入流奶與蜜之地已有兩年多的時間！當夢想即將實現之際，害怕失望的恐懼會更大，於是要求派探子去窺視實況，希望更有把握地進入迦南。在某個程度上，用理性去評估實況是好的、是神所允許的，但是當我們將人的評估和分析，看得比神的說話更重要時，這就是我們又一次沒有遵守祂的吩咐、不相信祂、沒有將生命的主權交在祂手中！在你認為要緊的事情上，你有沒有遵守祂的吩咐？還是相信別人或自己的評估？如果你是神，又會有甚麼感受？

當日，神應許賜流奶與蜜之地給以色列人：今天，神也應許賜流奶與蜜之地給你，你的生命可以不用再徬徨憂慮，可以安穩在神的堅固台中：「耶和華的名是堅固臺；義人奔入便得安穩。」（箴十八10）這堅固台是神應許賜你的，你是否願意歡然奔往？還是你仍然想自己建牆來保護自己，就如以色列人寧願回到埃及，用他們熟悉的方法去建立自己的安全感？

在頭腦上，你可能明白這道理，也願意遵行，可是在實行之前，仍然會卻步！雖然你也明白「人正說『平安穩妥』的時候，災禍忽然臨到」（帖前五3上）；然而，有如以色列人要憑信心進入迦南地，放下自己熟悉的「平安」及「穩妥」的方法，卻非常困難！將你的恐懼攔阻告訴神，如果你也不很清楚，求聖靈光照你，向你說話，讓你看到自己的景況。

神有豐盛的慈愛，當我們認罪回轉後，神必赦免我們的罪；然而，我們仍要為自己的選擇承擔後果。未能得到神所預備上好的福分，繼續在曠野過著飄流的生活，這是不是你屬靈生命的寫照？你是否想繼續如此下去？

悔改和寬恕的禱告

你過去曾因恐懼失望而不敢相信祂，不遵行祂的話，為此向神認罪。為著你往後的日子，告訴祂你的期望，求祂幫助：

・・・

默想經文

耶穌回答說：「人若愛我，就必遵守我的道；我父也必愛他，並且我們要到他那裏去，與他同住。」（約十四23）

神對你說的話	向神的委身

第20天
信得認真

朗讀經文

你們要向神歌頌，歌頌！向我們王歌頌，歌頌！因為神是全地的王；你們要用悟性歌頌。（詩四十七6～7）

頌讚和感恩

代求

個人請求

背景經文：民二十1～13、23～29

在以色列人由加低斯進入迦南地的最後一段旅程中，摩西的姐姐女先知米利暗在加低斯離世，隨後，摩西的哥哥大祭司亞倫也在何珥山上離世。最後，摩西也像他的兄姐一樣，不能進入神所應許的迦南地，而只能遠遠在亞巴琳山中的尼波山觀看那地方（申三十二48～52）。

如此認識神、可以與神面對面說話的摩西，為甚麼最終有此結局？你可能為此感到奇怪。他不能帶領以色列人進入迦南，究竟他犯了甚麼錯？聖經給我們的答案是：因為摩西及亞倫不信神，並沒有在以色列人眼前尊主為聖。當時，新一代的以色列人像他們的父輩一樣，再次為沒有水喝而攻擊摩西及亞倫，埋怨他們領以色列人出埃及，是要渴死在曠野。兩次「米利巴水」事件，分別記載於出埃及記十七章1至7節和民數記二十章1至13節，地點和內容雖然一樣，但卻不是同一件事。當第二次來到米利巴，百姓又再次為水而爭鬧，摩西及亞倫去禱告神的時候，神這次所給的指示是有別於上次的：上一次，神要摩西拿杖擊打磐石；這一次，神要摩西拿著仗去吩咐磐石發出水來。

雖然神發出了清晰的指示，但是摩西卻仍舊用杖去擊打磐石，而且擊打了兩下。摩西一直是一個專一遵守神指示的人，為何這次不聽神的吩咐呢？可能由於摩西惱恨這羣百姓，根據《現代中文譯本修訂版》的翻譯，摩西對百姓說：「你們這些叛徒聽著！我們該叫磐石流出水來給你們喝嗎？」（10節）可見摩西當時相當憤怒，可能因而在怒中用杖擊打磐石兩下。也可能因為摩西缺乏信心，是否真能憑一句說話就能叫磐石出水？因此，寧願採用舊的方法，用杖擊打磐石較為可靠！擊打兩下，也可能是怕一下不夠能力，兩下較為可靠！

你可能會感到奇怪，摩西在曠野四十年，經歷了大大小小的神蹟奇事，知道神所說的話必成就，但為何仍然不信神，沒有尊主為聖呢？其實，愈有能力的領袖，愈要小心試探，因為有能力的人容易倚靠自己的能力而不倚靠神！摩西已有之前擊打磐石出水的經歷，所以這次他並沒有像之前那樣情辭懇切地呼求神（出十七4）。而且，摩西對會眾的態度亦有所不同，「我為你們使水從這磐石中流出來嗎？」（民二十10）這句說話的背後，可能反映了摩西不知不覺中依靠了自己的能力。這是一個熟悉的情景，他曾經解決過相同的問題，他認為自己知道可如何解決眼前這問題。

如果你是摩西，你會如何執行這任務？在你要求百姓聽你的那一刻，在你承諾會使磐石流出水來的那一刻，你會有甚麼感受？你會不會也有一點恐懼？萬一未經使用的新方法失靈怎辦？你會如何選擇：吩咐磐石還是擊打磐石？你是否也會去選擇一個自己曾做過而有效的方法而不去遵照神的指示？

問題雖然解決了，但是神所重視的，是摩西有沒有遵照祂的說話去做。這次神之所以有不同的指示，可能也是試驗摩西是否完全遵守祂的吩咐！當人處於一個完全無助、不知應該怎做的情況時，是較容易完全順服神的帶領的；但是，一旦有了可憑恃的經驗時，便容易會有自己的想法。

你可能也會想，神對待摩西是否過分苛刻了呢？摩西也算是一個忠心的僕人、偉大的領袖，要不是他一直按著神的心意為以色列人代求，整個民族可能已走上厄運：以色列人在曠野四十年之久，是因為百姓相信報惡信的探子，卻不信神會把迦南地賜給他們，神要用瘟疫擊殺他們，因著摩西的代求神才赦免了他們（參民十四1～35）。但是，神也明說「他們斷不得看見我向他們的祖宗所起誓應許之地。凡藐視我的，一個也不得看見；惟獨我的僕人迦勒，因他另有一個心志，專一跟從我，我就把他領進他所去過的那地；他的後裔也必得那地為業。……按你們窺探那地的四十日，一年頂一日，你們要擔當罪孽四十年，就知道我與你們疏遠了」（民十四23～24、34）。如果你是神，你不斷教導百姓要專一跟從你。既然你已說出「凡藐視我的，一個也不得看見」的話，你又會如何對待摩西對你的藐視？

神帶領摩西去觀看迦南地，祂的心裏有甚麼感受？

你是否也曾經輕慢神的話語和吩咐？試想神會有甚麼感受。

神要求我們專一相信祂，並且要認真對待祂的話。我身邊有一位姊妹，她常常透過夢、異象、經文等聽到神對她說話，其內容的細緻程度令我驚訝，神竟會如此細心地去讓人明白祂的心意！我拿自己去跟她比較，我發現她是一個很認真的人，神認真地對待她每一個求問，她也很認真地把神這幾年來給她的夢一個一個串連起來，於是神就讓她看得更多、明白更多。今天，如果你馬馬虎虎地尋求神，你對神的認識便會含糊不清，你所得到的福氣也是有限的；相反，如果你認真專一地聽神的說話，神也會認真對待你，讓你更認識祂，也會將祂的好處毫不保留的給你！你會如何去回應神？

悔改和寬恕的禱告

向神認罪：你曾不信和藐視祂的話語，求祂寬恕。也求聖靈光照你，使你明白你所失去的福氣和所付上的代價。

...

默想經文

慈愛的人，你以慈愛待他；完全的人，你以完全待他。清潔的人，你以清潔待他；乖僻的人，你以彎曲待他。（詩十八25～26）

神對你說的話	向神的委身

第二部分：哀傷篇

引言

把哀傷化為盼望

哀傷是神賦予人的其中一種情緒，讓人可面對傷害和苦難。神同時亦賜下盼望，以致人可以重拾希望，使哀傷轉化成為幫助人繼續往前走的新力量。如果人不能流淚，無從表達悲痛的感受，內心便會極度痛苦。哀傷是化解傷痛的必經階段，眼淚是治療傷痛的最佳良藥。神應許傷痛背後必有歡呼，苦難背後必有盼望：「他已經吞滅死亡直到永遠。主耶和華必擦去各人臉上的眼淚，又除掉普天下他百姓的羞辱，因為這是耶和華說的。」（賽二十五8）這個世界雖然因罪的緣故而充滿苦難，但神應許最終必擦去我們一切的眼淚（啟七17）。神願意向祂的子民格外顯明祂的旨意是不更改的，並且起誓為證，所以，「神決不能說謊，好叫我們這逃往避難所、持定擺在我們前頭指望的人可以大得勉勵。我們有這指望，如同靈魂的錨，又堅固又牢靠，且通入幔內」（來六18～19）。並且，面對人的罪惡，神的心中也與我們一樣哀傷（參創六5～6）！

哀傷是一個治療傷痛的歷程，是療傷期內的短暫情緒表現，過後便不再哀傷。有些人會長期處於哀傷抑鬱的情緒中，這顯示他們心中仍然軟弱、害怕傷害，不敢再次站起來面對世界。這類人的自我觀念通常都是的「弱的我」，內心缺乏安全感、不敢獨立、需要倚靠人。因此，哀傷變成輔助性的情緒，掩飾他們內心的恐懼。然而，他們需要把哀傷化為盼望，靠著神的能力學習面對恐懼的情緒，接納自己內在的憤怒（適應原始性情緒），幫助自己堅強起來，學習設立界限、保護自己、跟傷害者進行對質等，幫助自己面對傷害和別人的不當行為。（詳參《情緒四重奏》第八章。）

這一部分的靈修材料是幫助這些「弱的我」去經歷神的大能，藉著聖靈，使他們心裏的力量剛強起來，因為「神賜給我們，不是膽怯的心，乃是剛強、仁愛、謹守的心」（提後一7）。學習遵守神的話語，不要因恐懼而妥協，用愛心說誠實話，拒絕謊言，拒絕不義的行為，在真理中站立得穩！

每一個人心裏都有一個「弱的我」和一個「壞的我」，這兩個自我觀念的強弱度會因應不同的環境和對手而改變，以致有時「弱的我」較突出，有時「壞的我」作主導。例如：當我要照顧一個比我更柔弱的人，我便不期然要收起自己的「弱的我」，展示堅強的一面；若遇到一個比我更強的人，當我不能強硬只能屈服，我和這人相處時，自然便要收起「壞的我」，讓「弱的我」來主導！但是，在整體的待人接物來說，仍然以其中一面作為主導的模式，這也是他們較自然舒服的表達方式。

對於「弱的我」，他們的核心問題是過於倚賴和極度缺乏安全感，因此「弱的我」要學習接觸自己堅強的一面，而當「弱的我」開始建立信心，發揮自己能力的時候，會漸漸從「弱的我」轉移去經歷「壞的我」！

第21天
堅定不移的信

朗讀經文

耶和華本為大！在我們神的城中，在他的聖山上，該受大讚美。（詩四十八1）

頌讚和感恩

代求

個人請求

背景經文：書一1～18

一代的偉大先知摩西死後，約書亞被神立為摩西的接班人，率領百姓過約旦河，進入迦南地。約書亞雖已八十多歲，身經百戰，但要承接摩西的地位，難免也會膽怯。

約書亞跟隨摩西多年，曾跟隨摩西上西奈山領受十誡的法板（出二十四13），又率領以色列人戰勝亞瑪力人（出十七8～13）；他是受命看守會幕的人（出三十三11），也是十二個窺探迦南地的探子之一，整體上他是一個好的跟從者，是摩西的得力助手。摩西離世，沒有了摩西那強而有力的領導，再沒有其他人可以像他那樣與耶和華面對面談話（申三十四10）；約書亞由原來那依賴摩西的角色，轉移為被依賴的對象，在心理上，這個過程並不容易。尤其是他要領導的，是這羣硬著頸項的百姓，他們充滿埋怨，甚至曾想拿石頭打死摩西（出十七4）。約書亞需要有很堅定的信心，跟隨耶和華的吩咐，不然就會像亞倫一樣，被百姓的說話和要求所動搖（出三十二1～4）。耶和華明白約書亞的心情，於是一再曉諭約書亞要剛強壯膽，祂必照樣與他同在；必不撇下他，也不丟棄他。

今天，你是否也如約書亞，感到缺乏安全感？你知道自己所倚靠的人或權威並不牢靠，但是害怕會失去這些倚靠的恐懼卻牢籠著你，使你不能獨立。神也明白你的心情，祂曉諭你說：「你當剛強壯膽！不要懼怕，也不要驚惶；因為你無論往哪裏去，耶和華──你的神必與你同在。」（書一9）你有何感受？你是否真的相信神給你的應許？你願意接受神的邀請，放下身邊不牢靠的依靠，專心倚靠神，讓祂成為你生命的主，相信祂永不離棄你嗎？如果你未能完全倚靠祂，告訴祂你的擔憂：

在心理上，轉移倚靠的歷程需要莫大的勇氣和信心，需要清楚倚靠的對象的可靠性和如何維持這個倚靠的關係。對神缺乏認識、未能親身經歷神或未能相信神的能力等因素，都會造成阻礙！這些困難可能源自於你父母的可依賴性不穩定，令童年的你有時能得到他們的幫助，有時卻得不著，導致你對所依賴的對象或權威，形成一種半信半疑的心態，難以完全信任他們。回望自己與神的關係，你是否也未能完全依靠？有甚麼阻礙你全然信靠神？你童年的經歷是否也影響你去全心的倚靠神？或你對神的認識是否足夠？

神所要求約書亞的，是謹守摩西所吩咐的一切律法，不可偏離左右；今天，神對我們的要求，也是如此——讓祂成為你生命的主，遵行祂的吩咐。當日亞伯拉罕被神稱為義（創十五6），乃因他相信神的話，遵照祂的吩咐而行：神叫他向前行，他向前行；神叫他向左，他向左；叫他向右，他向右，從不偏離；神沉默，他就不動，等候神的指示。神因此而悅納亞伯拉罕，與他立約，應許他將成為多國的父。

悔改和寬恕的禱告

你是否願意一生跟從耶和華的帶領，不偏左，也不偏右，就如亞伯拉罕一樣，滿心相信神所應許的必能成就，得享平安？將你的心願告訴神：

默想經文

亞伯拉罕所信的，是那叫死人復活、使無變為有的神，他在主面前作我們世人的父。如經上所記：「我已經立你作多國的父。」他在無可指望的時候，因信仍有指望，就得以作多國的父，正如先前所說：「你的後裔將要如此。」他將近百歲的時候，雖然想到自己的身體如同已死，撒拉的生育已經斷絕，他的信心還是不軟弱；並且仰望神的應許，總沒有因不信心裏起疑惑，反倒因信心裏得堅固，將榮耀歸給神，且滿心相信神所應許的必能做成。所以，這就算為他的義。（羅四17～22）

神對你說的話	向神的委身

第22天
剛強的心

朗讀經文

我懼怕的時候要倚靠你。我倚靠神，我要讚美他的話；我倚靠神，必不懼怕。血氣之輩能把我怎麼樣呢？（詩五十六3～4）

頌讚和感恩

代求

個人請求

背景經文：提後一1～18

保羅寫提摩太後書的時候，已快到他人生的盡頭，他獲釋後在旅行佈道中再度被捕，第二次下監於羅馬，不久便被處決殉道。他自知時日無多，雖然被人離棄，心中孤單萬分，但他仍然記掛提摩太及他所建立的教會是否能夠堅守信仰（提後一14～15）。他勉勵提摩太要剛強，因神所賜的不是膽怯的心（提後一7），他要提摩太持守真道，願意為福音同受苦難！

保羅所指「剛強的心」，英文是 spirit of power (意即：大能的靈），希臘原文是 *dynamis*。這個字在新約中經常出現，泛指「能力」，如：「但聖靈降臨在你們身上，你們就必得著能力」（徒一8上）；「使徒大有能力，見證主耶穌復活；眾人也都蒙大恩」（徒四33）等用的都是這一個字。因此，保羅所指「剛強的心」，是因著聖靈降臨在信徒身上，聖靈的大能在信徒的生命中被彰顯出來的結果：「除了基督藉我做的那些事，我甚麼都不敢提，只提他藉我言語作為，用神蹟奇事的能力，並聖靈的能力，使外邦人順服。」（羅十五18）為此，保羅勉勵提摩太不要膽怯，因為他「說的話、講的道，不是用智慧委婉的言語，乃是用聖靈和大能的明證，叫你們的信不在乎人的智慧，只在乎神的大能」（林前二4～5）。

這對於「弱的我」是一個莫大的喜訊，因為剛強的心不再是倚靠自己的能力而來，乃是因神的大能在我們身上彰顯而來。「神卻揀選了世上愚拙的，叫有智慧的羞愧。」（林前一27上）對世人來說，這是莫大的奧祕。你是否相信神要使用你的愚拙和軟弱？為此，你是否願意接納自己的愚拙和軟弱，將「弱的我」奉獻給神，不再用自己的力量去改變自己的愚拙和軟弱，而完全交給神，讓神使用？

將「弱的我」奉獻給神使用的真意，是不再用自己的意向和判斷去決定每一件事。「弱的我」不敢接受新的挑戰，恐怕自己會出醜或要與人對質，怕別人不接納自己。如今「弱的我」要尋問神的心意，如果神要使用「弱的我」去彰顯祂的能力，祂必給予力量。若神要「弱的我」去接受挑戰、與別人對質並且承擔一切的後果，其中必有神美好的心意。我們只需要按神的心意和聖經的真理去做，便會有意外的結果，叫人知道這不是出乎人的血氣，乃是出於神的大能。

我一直認為自己寫作能力不強，中文根柢不好，不能以文字來事奉神。及至我修畢心理學的課程後，向神尋問祂的心意，在退修中，神感動我去接受這個以文字來事奉祂的挑戰，也學習依靠祂的能力。寫作的過程起初頗艱辛，也令我感到非常挫敗，當我不再著眼於文句的好與壞，只按神給我的能力和感動去寫，奇妙地，所寫的作品並不是我想像中那麼不足，寫作的過程也漸漸變得順暢，使我更深經歷神的大能在人的軟弱上顯得完全（林後十二9下），開始漸漸掌握了如何不再倚靠自己的智慧，也不看自己表現的結果，只按著神給予我的指示去做。就經歷了神所賜的輕省和容易，而結果也叫我喜出望外，再一次見證神的大能！

悔改和寬恕的禱告

你是否也在掙扎中，不敢面對一些挑戰或對質的事，又或者有些決定令你猶疑不決？你可以尋求神的心意！你是否願意學習跟隨祂的心意和帶領？就算你心裏非常恐懼或認為不可能，你願意嘗試不再依靠你的聰明智慧，只依靠祂的大能嗎？

默想經文

求他按著他豐盛的榮耀，藉著他的靈，叫你們心裏的力量剛強起來，使基督因你們的信，住在你們心裏，叫你們的愛心有根有基。（弗三16～17）

神對你說的話	向神的委身

第23天
神兒女的福氣——聖靈的印記

朗讀經文

你們要向耶和華唱新歌！全地都要向耶和華歌唱！要向耶和華歌唱，稱頌他的名！天天傳揚他的救恩！在列邦中述說他的榮耀！在萬民中述說他的奇事！因耶和華為大，當受極大的讚美；他在萬神之上，當受敬畏。（詩九十六1～4）

頌讚和感恩

代求

個人請求

背景經文：弗一1～23

神在創世之先，已經揀選了我們成為祂的兒女。這福分並非因為我們有甚麼值得稱讚，而只是因祂的愛而白白地賜給我們，藉著基督為我們的罪而死，我們因而得到兒女的名分。聖靈的印記就是證實我們作為神兒女身分的憑據和保證。

究竟聖靈的印記對神的兒女有何重要性？耶穌死後三天復活，再次顯現給使徒看，並且在臨升天之前，吩咐他們等候父所應許的聖靈的洗，聖靈要降臨在他們身上，就必得著能力（徒一4～8）。耶穌十字架的救贖雖然已經完全了，耶穌的血已經給予使徒神兒女的名分，然而，他們仍然要等候聖靈的洗禮，才能夠有重生（約三3～5）。聖靈的印記，不只將我們分別為聖，印證神兒女的身分，並且幫助我們可以活出神兒女身分的新生命。聖靈引導我們：

- 明白真理（約十六13）；
- 叫我們得恩膏的教訓（約壹二20、27）；
- 使人知罪，自己責備自己（約十六8）；
- 使我們想起神的話（約十四26）；
- 教導和替我們禱告（羅八26）；
- 引領我們敬拜讚美神（弗五18～19）；
- 將神的愛澆灌在我們身上（羅五5）；
- 安慰我們（徒九31）；
- 加給能力（徒一8）；
- 賜我們各樣的恩賜（林前十二3～11）；
- 賜我們合而為一的心（弗四3）。

你的生命是否彰顯聖靈的印記？「你們各人要悔改，奉耶穌基督的名受洗，叫你們的罪得赦，就必領受所賜的聖靈。」（徒二38）你是否已接受聖靈住在你心中？如果你不清楚，可以向聖靈禱告，邀請祂住在你心中：

保羅也求神將那賜人智慧和啟示的靈，賞給信徒（弗一17），耶穌也告訴門徒，祂不撇下他們為孤兒，並且求父賜給他們一位保惠師，永遠與他們同在（約十四16～18）。因此，聖靈永遠與我們同在，是我們隨時的幫助。你是否相信聖靈會隨時引領和教導你？你每一天有否敏銳於聖靈向你所作的提示、引領和感動？

聖靈是我們的啟蒙老師，教導我們如何在基督裏活出新生命，因此，保羅求賜人智慧和啟示的靈去照明我們心中的眼睛，以致我們可以真正認識神：因為「只有神藉聖靈向我們顯明了，因為聖靈參透萬事，就是神深奧的事也參透了……除了神的靈，也沒有人知道神的事」（林前二10～11）。藉著聖靈的開啟，我們才可以真正明白我們在基督裏所得的恩典和榮耀是何等的豐盛；並且神的能力在相信的人身上是何等的浩大！這一切的智慧和奧祕並非靠人的理性可以領悟，而需要聖靈開啟我們屬靈的眼睛，以致我們的心靈被神的話所震撼，心深受感動和湧現一種對神的愛和話語的渴求，並且在遵行神的帶領中有新的領悟。你有沒有經歷聖靈張開你那屬靈的眼睛？如果你未有或希望有更多的啟蒙，你可以向聖靈祈求：

悔改和寬恕的禱告

我們是否能夠得到聖靈這位啟蒙老師的幫助，在乎我們是否接受聖靈的指引和順服聖靈的帶領。你有沒有想過，有時我們甚至反過來質疑聖靈的指引，不願意順服祂？你又是否有此經歷？求祂幫助你，打開你的心去順服：

・・・

默想經文

不要消滅聖靈的感動。（帖前五19）

不要叫神的聖靈擔憂；你們原是受了他的印記，等候得贖的日子來到。（弗四30）

神對你說的話	向神的委身

第24天
隨從聖靈的生命——不再害怕

朗讀經文

耶和華啊，我要在萬民中稱謝你，在列邦中歌頌你！因為，你的慈愛大過諸天；你的誠實達到穹蒼。（詩一〇八3～4）

頌讚和感恩

代求

個人請求

背景經文：羅八1～39

在羅馬書七章，保羅描述他不能靠自己的意志去克服自己的罪性，最後，他在基督裏終於找到了出路。當我們的罪被基督的寶血洗淨，得到釋放，便不再活在罪和死的狀態中，因為叫耶穌從死裏復活的靈，住在我們心裏，使我們也能從罪和死的狀態中復活過來（羅八11），進入新生命的狀態。

我們不能夠倚靠自己的聰明和能力去維持這個新生命的狀態，因此，保羅很強調隨從肉體、貼體肉體的事就是死，得不到神的喜歡，隨從聖靈的帶領才是惟一出路。過新的生命才是神的兒女，他們不再害怕，也不再是罪的奴僕、別人的奴僕、世界的奴僕、社會惡勢力或權勢的奴僕。求聖靈光照你目前的生命狀態，你是否仍然過著奴僕的生活，仍然害怕別人對你的評價、社會對你的要求或甚至宗教的規條？

「你們要謹慎，恐怕有人用他的理學和虛空的妄言，不照著基督，乃照人間的遺傳和世上的小學就把你們擄去……你們若是與基督同死，脫離了世上的小學，為甚麼仍像在世俗中活著、服從那『不可拿，不可嘗，不可摸』等類的規條呢？」（西二8、20～21）如果你仍然被社會價值觀和要求所規限，那你仍然過著體貼肉體的生活，雖有兒女的名分，卻過著奴僕的生活，真是苦啊！你需要求聖靈加力量給你放下你所害怕的。

你認為這是否就是「弱的我」在作祟？你內心恐怕會被拒絕、遺棄、孤獨？還是你那「壞的我」恐怕面對自己的失敗或無價值？

因此保羅再一次強調，我們的罪、失敗、不足或羞愧已完完全全被基督的寶血所掩蓋；而現在的我是神的兒女：有價值、有地位、有權利。而我們的失敗和軟弱，正是神彰顯能力的機會，所以我們不需要再害怕軟弱和失敗，就算這世界的人如此看我們，我們也不需要接受和相信，因為在我們的軟弱和失敗上，神已應許祂所賜的能力必不叫我們羞愧。並且神已稱我們為義，誰能定我們的罪呢？你願意交出「壞的我」讓基督的寶血將它洗淨，不再害怕別人或社會的眼光，並且不再靠自己去改變「壞的我」，而隨從聖靈的指引嗎？請告訴聖靈：

最後，保羅重申，藉著基督的愛，我們可以放膽，不用再害怕別人的拒絕、遺棄或逼迫，甚至可以不再被身體傷痛、困苦、飢餓、流離或困苦所控制，沒有任何環境狀況可以使我們與基督的愛隔絕。保羅能夠這麼說，是因為他懂得如何靠著基督勝過這一切。你願意被基督的愛醫治你內心那「弱的我」，不再以人的關係來維繫你的安全感，而委身於基督的愛裏，讓基督成為你惟一的依靠嗎？聖靈是你隨時的幫助，告訴聖靈：我不再讓這些事情使我與基督的愛隔絕！

悔改和寬恕的禱告

回想一段曾被人拒絕、遺棄、或傷害的經歷，邀請主耶穌進入你的經歷中，去感受主耶穌的愛，將你心中的恐懼、受傷的感受告訴主，然後，聆聽祂如何回應你，求聖靈的大能，幫助你勝過痛苦的感受：

默想經文

兒女既同有血肉之體，他也照樣親自成了血肉之體，特要藉著死敗壞那掌死權的，就是魔鬼，並要釋放那些一生因怕死而為奴僕的人。（來二14～15）

神對你說的話	向神的委身

第25天
披戴基督

朗讀經文

因你的慈愛比生命更好，我的嘴唇要頌讚你。我還活的時候要這樣稱頌你；我要奉你的名舉手。（詩六十三3～4）

頌讚和感恩

代求

個人請求

背景經文：西三1～25

當我們成為神的兒女，帶著聖靈的印記，我們生命的方向會有所轉移：地上的事不再是我們生命的重心，因為天地都要廢去，惟有神的話卻不能廢去（太二十四35）。所以，思念天上的事不但有永恆的價值，並且幫助我們放下對世俗得失名利的追求，從世俗虛榮的捆綁中得到釋放，幫助我們更容易隨從聖靈的帶領，所以，保羅將萬事當作有損（腓三8上），並且一再提醒信徒：舊的你已經死了，而新的你與基督一同藏在神裏面。你曾否將你的視線從地上轉移到天上？嘗試用這個角度去看一件你憤憤不平的事或哀傷的事，你心態上會有甚麼轉變？

新的生命與基督一同藏在神裏面，是指披戴基督的意思：「你們受洗歸入基督的都是披戴基督了」（加三27）；「總要披戴主耶穌基督，不要為肉體安排，去放縱私慾」（羅十三14）。活出基督裏的新生命，祕訣除了是跟隨內住的聖靈的律，還要：披戴基督，以基督作為我們生活為人的模樣；學效基督，因為祂曾成為人的樣式，完全明白人的較弱和掙扎，祂如何靠著主的靈去勝過試探和軟弱，我們也可以學效祂去活出我們的新生命。

基督來到世間道成肉身，不只是為我們的罪釘死在十字架上，還為我們預備了一個新生命的藍圖，讓我們可以學效和跟從。雖然有著文化和時代的差距，有時不能直接將聖經所記的應用到生活裏去，但是住在我們裏面的聖靈會給予我們隨時的幫助。有一個英文的口號WWJD：What Would Jesus Do?（耶穌會怎樣做？）就是提醒我們去將耶穌的回應成為我們的指引和典範。你的生命是否披戴著基督？

在腦中重演一次昨天或前天所發生的事。然後想像一下，如果耶穌身處你的位置，祂會如何反應？你的反應與耶穌的反應有何分別？關鍵在哪裏？

新生命不能再延續舊的行為模式，這舊模式所導致的罪，已被基督的寶血洗淨，但是，如果不改變舊的行為模式，你便會又再陷入罪中。因此，我們要脱去舊人和舊人的行為，就如淫亂、污穢、邪情、惡慾、貪婪、拜偶像、毀謗、惡毒、污穢的言語和謊言等。檢視你現在的生命中，有哪些舊的行為模式使你陷入罪中？

細思這些舊的行為模式，其背後的動機是甚麼？你之所以繼續維持這行為，是因為這行為給你一些好處，那好處是甚麼？而你又將為這「好處」付上甚麼代價？

保羅提醒信徒不要被惱恨憤怒的情緒所控制，我們往往以為這是指不要讓惱恨憤怒的情緒浮現出來，於是就使用防衛機制去扭曲、否認、改變情緒或事實，以致某些信息部分或全部不被意識，以致我們不感到惱恨憤怒的情緒。這種對憤怒、哀傷、或恐懼情緒的防衛，並不是保羅的意思，因為這種防衛的方法，並不是去明白自己為何有此惱恨憤怒的情緒，求神醫治和幫助我們去改變和寬恕，而是去掩飾情緒的問題。掩飾只會令我們活在謊言中，不只對別人說謊，也對自己說謊。因此，保羅提醒我們要「棄絕謊言」（弗四25上）！

憤怒、哀傷或恐懼，這三種情緒中，哪一種是你最少經歷到的？這種情緒可能就是你的適應性原始性情緒。你用甚麼方法去減少或逃避接觸這種情緒？（詳參《情緒四重奏》第五章。）

悔改和寬恕的禱告

你是否能夠將你的舊有行為模式和不想面對的情緒，跟所採用的防衞機制連上關係，更加明白自己行為背後的動機和需要？請將這些告訴聖靈，求祂給你力量和智慧去勝過它們，也要學效基督，以基督的榜樣取代舊的行為：

• • •

默想經文

我要引瞎子行不認識的道，領他們走不知道的路；在他們面前使黑暗變為光明，使彎曲變為平直。這些事我都要行，並不離棄他們。（賽四十二16）

神對你說的話	向神的委身

第26天
依神意思的情緒

朗讀經文

神啊，錫安的人都等候讚美你；所許的願也要向你償還。聽禱告的主啊，凡有血氣的都要來就你。（詩六十五1～2）

頌讚和感恩

代求

個人請求

背景經文：林後七1～16

哥林多教會處於紛亂和分裂中，問題尚未能被扭轉，而且情況轉趨惡劣下，保羅在「外有爭戰，內有懼怕」的陰暗日子中，心裏極其難過，寫了一封「叫人憂愁」的信送至哥林多教會（此信已散佚）。信送出後，他一直很焦急，並且懊悔，不知道哥林多教會是否會照他的要求去做：承認他使徒的權柄和嚴懲帶領反對他使徒地位的人。終於，提多的出現帶來好消息，哥林多教會為自己的行為哀慟、悔改，重申他們對保羅的忠心和敬愛，使保羅心中得了安慰，也因此而歡喜。

原來保羅也為了那封「叫人憂愁」的信擔心和懊悔，怕傷害哥林多人的心；然而，當他們從憂愁中生出懊悔來，便令保羅歡喜。若我們是依神的意思憂愁，就會從憂愁中生出懊悔來，因此不會因而感到受傷害。與人對質的歷程會令人憂慮（怕自己的話太重會傷害對方），所以保羅堅持真理立場的同時，仍然用愛心去寬容那些人（林後一23），也不想令反對他的人太憂愁，免得他們沉淪，也勸大家要向那些人顯出堅定不移的愛心（林後二7～8）。

究竟「依神的意思憂愁」與「世俗的憂愁」有甚麼分別？保羅解釋分別在結果上：前者是生出沒有後悔的懊悔，以致得救；後者是叫人死。「沒有後悔的懊悔」，《新國際譯本》作：Godly sorrow brings repentance that leads to salvation and leaves no regret，意思是依神的意思而有的悲痛，只會帶來通往拯救的懊悔，且不會令人遺憾。保羅對「依神的意思憂愁」與「世俗的憂愁」的分析，有點類似適應性與非適應性原始性情緒兩者之間的分別：適應性原始性情緒帶動人向前，新鮮、不能存留太久，來得快也去得快；非適應性原始性情緒卻是滯留下來的困擾情緒，它們源自於過往的經歷，結合了對自己負面批評的信息，因而變成非適應性。（詳參《情緒四重奏》第三章。）

我們如何分別自己的憂愁是哪一類的憂愁呢？如果是「依神的意思」而有的情緒，這些情緒應帶動我們向前，令我們講的或行的都合乎真理，並且帶動我們有殷勤和認真的心、對於不公平情況會有義憤、憂慮、渴望、關注、熱心和自責（林後七11；《修訂標準譯本》〔RSV〕）。

你有沒有經歷過「依神的意思憂愁」？請形容其中帶動你的感受和行動。

這種「依神的意思憂愁」所帶來的行動，可能使你擔心和懊悔，如保羅一樣，然而最終卻帶來安慰與歡喜，你是否也曾有如此經歷？

當別人用真理指出你的過錯時，你會有「依神的意思憂愁」還是「世俗的憂愁」？雖然保羅沒有詳細形容「世俗的憂愁」，但那反應大概可能是：感到羞愧、擔心別人怎樣看自己，不斷想逃避、否認或辯護，不想面對事實，隱藏在自己的痛苦中。你是否也有此經歷？請描述你的經驗：

「世俗的憂愁」令你找到出路嗎？

悔改和寬恕的禱告

如果你發現自己經常被「世俗的情緒」所困擾，令你無法經歷自由的生命的話，如保羅所說，這種悔恨是叫人死的。那你可以向神承認你的逃避、否認、辯護、或隱藏，求祂幫助你將「世俗」的情緒轉化為合神心意的情緒，並且禱告聖靈：

・・・

默想經文

在人是不能，在神卻不然，因為神凡事都能。（可十27）

神對你說的話	向神的委身

第27天
你是否已準備好？

朗讀經文

全地都當向神歡呼！歌頌他名的榮耀！用讚美的言語將他的榮耀發明！當對神說：你的作為何等可畏！因你的大能，仇敵要投降你。全地要敬拜你，歌頌你，要歌頌你的名。（詩六十六1～4）

頌讚和感恩

代求

個人請求

背景經文：弗六10～20

以弗所書是保羅在羅馬監獄中完成的書信，也是他晚期的作品。在書中，保羅除了教導信徒如何實踐真理外，也提出其中一個阻礙實踐的困難，就是撒但的攻擊。因此，他教導信徒要穿上神所賜的全副軍裝。

撒但非常詭詐（林後二11），善於裝作光明的天使欺騙人（林後十一14～15）、引誘人犯罪（代上二十一1～3）、使人受苦（伯一11～12）、控制人（路二十二3）、弄瞎人的心眼（林後四4）、迷惑人（啟十二9）和擾亂人的心（撒上十六14）。保羅提醒我們，這是屬靈的爭戰，非血氣之爭，因此需要穿起神的軍裝，方能抵擋，才能站立得住。聖經從未教導我們要向撒但宣戰，與他對話，因我們禱告的對象是神，即使在趕鬼的過程中，需要奉耶穌的名或寶血叫他走（可十六17），但是也不宜跟他對話。因為撒但對人的攻擊無孔不入，我們容易被瞞騙。你又曾否經歷被撒但攻擊？他是用甚麼計謀來苦待你？

我們每個人都有些自己不接納的弱點或心靈曾受某些傷害，因而容易敏感和有被攻擊的破口。因此，保羅勸勉我們生氣卻不要犯罪，不可含怒到日落，也不可給魔鬼留地步（弗四26～27）。雖然有時很難分辨到底是自己的軟弱令自己犯罪，還是撒但引誘的技倆太高強，但是，兩者其實是可以同時並存的。對於熱心追求的信徒尤其如此，因為他們是撒但的攻擊對象，他對那些不冷不熱的信徒反而毫無興趣。你知道自己有容易受攻擊的破口嗎？如果不清楚，請禱告神，求聖靈顯示給你知道：

有些人很害怕屬靈爭戰或撒但攻擊，他們不想提起這些話題，恐怕自己會被視為目標。其實，這些人早已受到撒但攻擊，因為撒但其中一種控制人的方法，就是使人恐懼，令人們不敢面對問題，也就無法明白真理。撒但雖然有靈界的權勢，但是聖經清楚指出，基督的復活已經勝過死亡的毒鉤（林前十五55～57），「耶穌已經進入天堂，在神的右邊；眾天使和有權柄的，並有能力的，都服從了他」（彼前三22）。

悔改和寬恕的禱告

因此，如果我們仍然懼怕撒但，就是不相信耶穌復活的大能，也不相信只要我們奉耶穌的名或寶血就可以把撒但趕走，他不能對我們做甚麼。沒有神的容許，他根本不能傷害我們。寫下你對撒但一些錯誤的想法，求聖靈讓你明白真理：

全副的軍裝有以下裝備：

1 **以真理當作帶子束腰**：這是因為當時的袍子寬鬆，需要用腰帶束緊衣服，方便作戰，因此我們需要認識真理，成為生命的導航，帶領我們選擇走在真道上，隨時分辨似是而非的謊言。

2 **以公義作護心鏡**：因為心是全身最脆弱的地方，也可以代表我們生命中容易的破口，我們需要省察和承認自己的罪，讓基督的寶血使我們成為義人。

3 **平安的福音當作預備走路的鞋**：基督徒的生命是帶著神的使命，將福音廣傳至地極，這個使命使基督徒生命有目標、有方向、隨時隨地為主作見證，這種的心態幫助我們能夠隨時準備迎戰。

4 **信德當作籐牌**：信心的功課是整個屬靈爭戰和屬靈生命成長的關鍵，未能夠完全信任神，就不能完全經歷神的大能，也未能完全抵擋敵人的毒箭。

5 **救恩的頭盔**：除了心之外，頭也是極需要保護的部位，我們因著救恩確立我們兒女的身分，不用再害怕被罪所轄制，已經與神和好，就算再犯罪，也不用再羞愧了，可以立刻認罪被寬恕。這份平安使我們可以無後顧之憂。

6 **聖靈的寶劍**：神的話「比一切兩刃的劍更快，甚至魂與靈，骨節與骨髓，都能刺入、剖開，連心中的思念和主意都能辨明」（來四12）。因此熟讀神的話不只能夠鞏固信心、認識真理、清楚自己的救恩，還能夠攻破撒但的詭詐，並且堅固自己的防備系統，使之更加紮實。

7 **靠聖靈隨時多方禱告**：倚靠聖靈智慧的教導和透過禱告的能力，才能令撒但戰敗而退。

環顧你的全副軍裝，有哪些裝備充足，哪些仍然要努力整頓？告訴神你的需要，祂會如何回應你？

• • •

默想經文

他又對他們說：「你們往普天下去，傳福音給萬民聽。信而受洗的，必然得救；不信的，必被定罪。信的人必有神蹟隨著他們，就是奉我的名趕鬼；說新方言；手能拿蛇；若喝了甚麼毒物，也必不受害；手按病人，病人就必好了。」（可十六15～18）

神對你說的話	向神的委身

第28天
信心的行為

朗讀經文

萬民哪，你們當稱頌我們的神，使人得聽讚美他的聲音。他使我們的性命存活，也不叫我們的腳搖動。（詩六十六8～9）

頌讚和感恩

代求

個人請求

背景經文：雅二14～26

在第十八天的靈修材料中，提及等候神及遵行神的吩咐都是信心操練上兩個重要的功課。雅各注重信徒要透過行為將對神的信心實踐出來，不能只憑口講，但沒有行動。這段經文能鼓勵人將從神而來的領受化作實踐，特別適合那些性格內向、喜歡操練等候神的信徒；對於性格外向，較喜歡憑信心去經歷神的信徒，這點並不困難，他們反而要多操練等候神的功課。

兩種不同性格的人，對信心的操練也會有不同的進路，我們大概也不難明白，為何保羅與雅各在信心與稱義上會有兩個不同但卻互相補足的切入點。保羅性格較為外向，傾向憑信心經歷神，因此側重因信稱義中的「信」，強調不能靠自己的行為稱義；而雅各的性格較內向，傾向聆聽等候，因而側重得救後的信心是否能夠實踐出來，這樣才能真正證明生命的改變。你屬於哪一類型？你的操練需要側重哪一方面？

「弱的我」傾向被動和等候，較難將神的話語和指示行出。你認為其中的困難是甚麼？你有這些困難嗎？

不敢冒險、不敢突破、懦弱、怕出醜、怕被拒絕、怕失敗或怕被注目，這些困難可能與自我形象有關。這些都是自我形象低、不相信自己的表現，這可能與童年缺乏被肯定、曾被拒絕、曾被傷害、羞辱或被否定的經驗有關。這些根深柢固的自我觀念，不能透過理性認知改變而糾正過來，需要再進入過去受傷的記憶中被神醫治。你有沒有類似的經歷？這對你的自我形象有甚麼影響？又怎樣影響你對神的信心？

神應許「醫好傷心的人，裹好他們的傷處」（詩一四七3）。你願意將你的傷口告訴祂，邀請祂進入你受到傷害的回憶中，給你幫助嗎？

要你面對一些具挑戰性、冒險或引人注目的行動，你可能仍然會害怕，裹足不前。這種恐懼的感受源自於過去，我們要分辨這恐懼的情緒是反映目前環境的危險性，還是過去類似情景所勾起的感受。（詳參《情緒四重奏》第七章。）若這些感受來自過往的經歷，即現在這一刻並沒有危險，你可以靠神的大能慢慢去克服這恐懼！你是否願意嘗試去面對恐懼的情緒，然後作出分辨這恐懼的情緒是反映目前環境的危險性，還是過去類似情景所勾起的感受？結果如何？

悔改和寬恕的禱告

要作出新的嘗試，履行神的話語，是會讓人緊張憂慮的，但是卻並不一定有危險！你也要相信神必保守行動正直、遵行祂旨意的人。你不敢去行，可能是因為你未親身經歷過神如何保守你，但是，惟有去嘗試，你才能真正經歷神的信實，只有親身的經歷才可以建立你對神的信心。你沒有經歷，又如何去建立信心呢？信心不會無端從天而降，如果你要等到建立了信心才去遵行神的話，結果只會是坐著空等。因此，雅各說：「信心若沒有行為就是死的。」（雅二17）

你可以先從小事上去嘗試，慢慢建立信心後，再嘗試在大的事上實踐。你願意嗎？請告訴神：

...

默想經文

你們當剛強壯膽，不要害怕，也不要畏懼他們，因為耶和華——你的神和你同去。他必不撇下你，也不丟棄你。（申三十一6）

神對你說的話	向神的委身

第29天
用愛心說誠實話

朗讀經文

主啊，我要在萬民中稱謝你，在列邦中歌頌你！因為，你的慈愛高及諸天；你的誠實達到穹蒼。神啊，願你崇高過於諸天！願你的榮耀高過全地！（詩五十七9～11）

頌讚和感恩

代求

個人請求

背景經文：弗四1～32

聖經很強調基督徒要彼此相愛，在主裏合一，因此，為了做到這個表現，很多信徒不敢表達不同的意見，也怕被標籤為不成熟、不屬靈。表面的和諧合一其實只是假象，內裏卻蘊含著不投入、虛假或背後說三道四。這並非是保羅所教導的真正的合一！

保羅解釋，在聖靈裏的合一，是需要靠著我們心裏的聖靈動工的：竭力去教導信徒用愛心互相寬容，用和平彼此聯絡，因著我們同是一個教會的整體，同領受一位聖靈，同有永生的盼望，承認同一位基督作主，因著信得救於同一位耶穌和受洗歸入同一位基督。信仰的相同實質，為合一奠下了良好的基礎！而其中最重要的，是我們每一個信徒的生命能否被聖靈所掌管和帶領。

神賜各樣恩賜給不同的信徒，讓信徒各盡其職，一同被建立在同一個身體上，分享著同一個成長歷程，直至到大家都能夠認識基督，不再作小孩，在真道上同歸於一。因此大家都要明白彼此都是在不同進度的成長中去認識基督，所以面對紛爭、異端、邪說，需要彼此用愛心說誠實話，才能夠連於基督，需要彼此相助相愛，一同被建立。

你的生命裏有沒有與弟兄姊妹合一的經歷？如果未有或不足夠，你認為自己有甚麼缺欠，以致有此不足？

你會如何處理肢體間的分歧？這些處理方法效果如何？如果雙方都能夠愛心說誠實話，你覺得結果會有甚麼不同？

如果你不能坦白地跟一些主內弟兄姊妹分享你真正的感受，你認為這是說謊嗎？我們很多時認為白色謊言不是謊言，因為其出發點是為對方著想，不想傷他們的心；其實是自己不能面對傷心的情緒。然而，如果他們事後才發現被瞞騙，又會否感到更傷心呢？如果你是被瞞騙的一方，你會寧願對方怕傷你心而隱瞞你，還是想知道對方的真正感受呢？

你認為神又是否喜歡你對祂有所隱瞞？如果我們不能夠誠實相對，聖靈還能夠掌管我們的生命及整個身體嗎？在隱瞞的背後，我們似乎在不知不覺中仍然想要用自己的方法去控制，而不是讓基督在其中作元首！

在繁複的人際關係中，保羅給我們幾個原則：

1 棄絕謊言，向別人與鄰舍說實話
2 生氣不可犯罪，不可含怒到日落
3 不要叫聖靈擔憂，順從聖靈的帶領
4 存憐憫的心，彼此饒恕，正如我們被饒恕一樣

你是否有遵照這四個原則去處理人際關係的問題？問題之所以產生，很多時是因信徒不是完全按照這些原則去處理衝突。你認為保羅的教導是否可行？

最難處理的關係，往往是那些彼此不能說實話，而導致很多的誤解、怨憤、逃避、被傷害和累積怨憤的事件。你是否真的相信保羅所提供的原則是真理，並且願意遵行？告訴神你的掙扎和看法：

保羅與教會的弟兄姊妹關係密切，保羅對信徒付出無私的愛，他所説的每一字每一句都是真誠的：「我在基督裏説真話，並不謊言，有我良心被聖靈感動，給我作見證。」（羅九1）如果保羅怕得罪某些人而不是全然真誠對待，你認為他事奉的果效會受影響嗎？

如想與人有坦誠的關係，首先需要坦誠面對自己，如果不能夠接納自己的不足，便很容易將自己不能接納的一面投射於別人身上，變得容易挑剔，以為問題都在別人身上。這往往是「壞的我」的寫照。因此，我們也需要去分辨，自己的抗拒感是否來自不能自我接納，以致不想在別人身上看到自己所厭惡的情況。更要學習與人分享你的掙扎。（可以參照本書第三十五天的靈修內容。）至於「弱的我」，不敢將自己的恐懼告訴別人，是使「弱的我」不能説實話的關鍵。他們也要學習坦誠，去經歷別人對自己真我的接納。

悔改和寬恕的禱告

你對神、人及對自己是否誠實？你盼望對神、人、自己都有一份誠實嗎？請告訴神：

...

默想經文

人若說「我認識他」，卻不遵守他的誡命，便是說謊話的，真理也不在他心裏了。（約壹二4）

但你所講的總要合乎那純正的道理。（多二1）

你們既因順從真理，潔淨了自己的心，以致愛弟兄沒有虛假，就當從心裏彼此切實相愛。（彼前一22）

神對你說的話	向神的委身

第30天
衝破內心的幔子

朗讀經文

我要以詩歌讚美神的名，以感謝稱他為大！這便叫耶和華喜悅，勝似獻牛，或是獻有角有蹄的公牛。謙卑的人看見了就喜樂；尋求神的人，願你們的心甦醒。（詩六十九30～32）

頌讚和感恩

代求

個人請求

背景經文：路二十三33～二十四12

耶穌釘十字架的故事，我們耳熟能詳，然而耶穌臨死前所說的七句説話——十架七言，你又是否熟悉呢？讓我們一起去思想：

1 赦免：「父啊！赦免他們；因為他們所做的，他們不曉得。」（路二十三34）
2 應許：「我實在告訴你，今日你要同我在樂園裏了。」（路二十三43）
3 慈愛：耶穌見母親和他所愛的那門徒站在旁邊，就對他母親說：「母親，看，你的兒子！」又對那門徒說：「看，你的母親！」從此，那門徒就接她到自己家裏去了。（約十九26～27）
4 分離：「以利！以利！拉馬撒巴各大尼？」就是說：「我的神！我的神！為甚麼離棄我？」（太二十七46）
5 渴了：耶穌知道各樣的事已經成了，為要使經上的話應驗，就說：「我渴了。」（約十九28）
6 成了：耶穌嘗了那醋，就說：「成了！」（約十九30）
7 交託：耶穌大聲喊著說：「父啊！我將我的靈魂交在你手裏。」（路二十三46）

耶穌在十字架上所說的每一句説話，代表祂對我們的愛：赦免是整個十字架的核心信息，也是祂來到世間的任務——拯救一切相信的人。在被傷害的痛苦之時，耶穌仍然為傷害祂的人禱告求赦免，因為他們不曉得自己所作的事。主耶穌成為我們的最好榜樣，教導我們去赦免傷害我們的人，也為他們求寬恕。

在我生命中也曾遇到最大的傷痛，當時正值復活節的下午，我披著一件雨衣，獨自在雨中散步，在寂靜和荒涼的溫哥華列治文的內街上，只有我一人，心裏淌著淚，回想那傷害我的人，就在這刻，聖靈就藉此經文提醒我：「赦免他們；因為他們所做的，他們不曉得。」當我願意去遵守聖靈的教導，正如耶穌一樣，神的醫治就得以完全。

你是否也因有一些人傷害你太深，令你不願意去赦免他們？把你心中的傷痛告訴神，讓神的話成為你的醫治：

其中一個被釘十架的強盜悔改求耶穌記念他，耶穌接納他的請求，應許他必與主一同在樂園裏，這個應許不只給這個悔改的強盜，而是說給我們每一個相信祂的人，肯定我們的信心。耶穌的愛與關心，在此被充分地表達出來——就在祂被傷害最深的時候，祂仍惦念悔改的強盜及祂所愛的母親，把母親交託給祂所愛的門徒。

不知道你曾否想過耶穌被釘在十字架的痛苦有多深？除非你能夠感受耶穌所受的痛苦，否則，你未能體會祂對你的愛有幾深！嘗試去默想以下經文：

> 巡撫的兵就把耶穌帶進衙門，叫全營的兵都聚集在他那裏。他們給他脫了衣服，穿上一件朱紅色袍子，用荊棘編做冠冕，戴在他頭上，拿一根葦子放在他右手裏，跪在他面前，戲弄他，說：「恭喜，猶太人的王啊！」又吐唾沫在他臉上，拿葦子打他的頭。戲弄完了，就給他脫了袍子，仍穿上他自己的衣服，帶他出去，要釘十字架。他們出來的時候，遇見一個古利奈人，名叫西門，就勉強他同去，好背著耶穌的十字架。（太二十七27～32）
>
> 就有人吐唾沫在他臉上，又蒙著他的臉，用拳頭打他，

對他說：「你說預言吧！」差役接過他來，用手掌打他。（可十四65）

想想耶穌身體上所受的鞭傷、被釘在十字架上那痛不欲生的感受，以及被掛在十字架上的極度苦楚。

除了身體上的痛苦，耶穌更飽受人的嘲笑和指摘，在情感上，祂被所教導的門徒出賣、被祂所屬的以色列領袖拒絕和遭到祂所愛的羣體報以袖手旁觀的對待！嘗試默想：

到了一個地方，名叫「髑髏地」，就在那裏把耶穌釘在十字架上，又釘了兩個犯人：一個在左邊，一個在右邊。當下耶穌說：「父啊！赦免他們；因為他們所做的，他們不曉得。」兵丁就拈鬮分他的衣服。百姓站在那裏觀看。官府也嗤笑他，說：「他救了別人；他若是基督，神所揀選的，可以救自己吧！」兵丁也戲弄他，上前拿醋送給他喝，說：「你若是猶太人的王，可以救自己吧！」在耶穌以上有一個牌子寫著：「這是猶太人的王。」那同釘的兩個犯人有一個譏笑他，說：「你不是基督嗎？可以救自己和我們吧！」

（路二十三33～39）

他們把耶穌帶到大祭司那裏，又有眾祭司長和長老並文士都來和大祭司一同聚集。彼得遠遠地跟著耶穌，一直進入大祭司的院裏，和差役一同坐在火光裏烤火。祭司長和全公會尋找見證控告耶穌，要治死他，卻尋不著。因為有好些人作假見證告他，只是他們的見證各不相合。又有幾個人站起來作假見證告他，說：「我們聽見他說：『我要拆毀這人手所造的殿，三日內就另造一座不是人手所造的。』」他們就是這麼作見證，也是各不相合。大祭司起來站在中間，問耶穌說：「你甚麼都不回答嗎？這些人作見證告你的是甚麼呢？」耶穌卻不言語，一句也不回答。大祭司又問他說：「你是那當稱頌者的兒子基督不是？」耶穌說：「我是。你們必看見人子坐在那權能者的右邊，駕著天上的雲降臨。」大祭司就撕開衣服，說：「我們何必再用見證人呢？你們已經聽見他這僭妄的話了。你們的意見如何？」他們都定他該死的罪。（可十四53～64）

耶穌說了這話，旁邊站著的一個差役用手掌打他，說：「你這樣回答大祭司嗎？」耶穌說：「我若說的不是，你可以指證那不是；我若說的是，你為甚麼打我呢？」亞那就把耶穌解到大祭司該亞法那裏，仍是捆著解去的。西門・彼得正站著烤火，有人對他說：「你不也是他的門徒嗎？」彼得不承認，說：「我不是。」有大祭司的一個僕人，是彼得削掉耳朵那人的親屬，說：「我不是看見你同他在園子裏嗎？」彼得又不承認。立時雞就叫了。（約十八22～27）

想想耶穌在情感上所受的傷害。

耶穌面對所有的傷痛中，最大的莫過於與父神的分離之痛，耶穌是三位一體的真神，與天父原為一（約十30）。因此，那種如永恆般的分隔，就是地獄的光景，與神永遠的隔絕的景況，是所有痛苦之冠。嘗試去默想：

> 約在申初，耶穌大聲喊著說：「以利！以利！拉馬撒巴各大尼？」就是說：「我的神！我的神！為甚麼離棄我？」（太二十七46）

想想耶穌經歷那種被父神離棄及完全被隔絕的痛苦。

因此，你所經歷的一切傷痛，耶穌都已經歷過了。所以，祂完全可以明白你的痛苦，可以醫治你的傷痛，你願意相信祂，將你的痛苦交在祂的手中，完全的信任，讓祂去醫治，就如你完全的信你的醫生給你動手術和施針藥一樣嗎？

就算在極度的痛苦中，耶穌依然服從神的話語，去應驗經上所記的話，就說「渴了」，然後就說「成了」。這種對天父旨意的完全順服，而去遵行是極其重要的原則，以致神的工作得以完全的成就，讓我們再一次體驗神的話語的真實，一句也不能廢去。最後耶穌作為我們的最好榜樣，不只將他的生命，甚至死後的靈魂也交在神的手裏，你是否也如耶穌般徹底遵守神的話和旨意，完全將你的生命與靈魂也降服於祂的手中？

最後，藉著耶穌的死給我們開了一條又新又活的路（來十20），使我們靠著祂，可以到神的面前，因此，殿裏的幔子從當中裂為兩半（路二十三45）。有一年的復活節，聖靈讓我明白，原來我對神的不滿導致我與神之間有一層幔子，使我不能與祂建立更親密的關係，這個意識給我很重要的亮光，當我決定要放下我的憤怒，撕開我心中這與神阻隔的幔子，我與神的關係便有一個突破和更新。

悔改和寬恕的禱告

你的生命是否也有一層的幔子阻隔你與神的關係？你可以祈求聖靈開啟你明白自己與神關係的狀況，幫助你突破與神的阻隔：

• • •

默想經文

但他們的心幾時歸向主，帕子就幾時除去了。（林後三16）

因為你是賜我力量的神，為何丟棄我呢？我為何因仇敵的欺壓時常哀痛呢？求你發出你的亮光和真實，好引導我，帶我到你的聖山，到你的居所！（詩四十三2～3）

以利戶又說：你以為有理，或以為你的公義勝於神的公義。（伯三十五1～2）

那時，耶和華從旋風中回答約伯說：誰用無知的言語使我的旨意暗昧不明？你要如勇士束腰；我問你，你可以指示我。我立大地根基的時候，你在哪裏呢？你若有聰明，只管說吧！你若曉得就說，是誰定地的尺度？是誰把準繩拉在其上？地的根基安置在何處？地的角石是誰安放的？那時，晨星一同歌唱；神的眾子也都歡呼。海水衝出，如出胎胞，那時誰將它關閉呢？是我用雲彩當海的衣服，用幽暗當包裹它的布，為它定界限，又安門和閂，說：你只可到這裏，不可越過；你狂傲的浪要到此止住。（伯三十八1～11）

耶和華又對約伯說：強辯的豈可與全能者爭論嗎？與神辯駁的可以回答這些吧！（伯四十1～2）

約伯回答耶和華說：我知道，你萬事都能做；你的旨意不能攔阻。誰用無知的言語使你的旨意隱藏呢？我所說的是我不明白的；這些事太奇妙，是我不知道的。求你聽我，我要說話；我問你，求你指示我。我從前風聞有你，現在親眼看見你。因此我厭惡自己，在塵土和爐灰中懊悔。（伯四十二1～6）

神對你說的話	向神的委身

第三部分：憤怒篇

引言
把憤怒化為愛

憤怒是神賦予人的其中一種自我保護情緒。當人被傷害的時候，憤怒情緒的衍生揭示了自己已被傷害，需要設立界限保護自己，並且與行惡者對質，加以制裁。當人犯了罪，傷透了神的心，神會發怒，也會令人得到應得的懲罰。懲罰的目的是要人回轉歸向神，離開惡行，行在真理中。聖經多處的經文描述「耶和華是有憐憫有恩典的神，不輕易發怒，並有豐盛的慈愛和誠實」，祂樂意饒恕人，並不丟棄人（參出三十四6；民十四18；尼九17；詩八十六15）。詩篇三十篇5節描述神的怒氣不過轉眼之間，「他的恩典乃是一生之久。一宿雖然有哭泣，早晨便必歡呼」。因此，神不會永久記惡，祂的憤怒不是要傷害人或滅絕人，而是給予人一個回轉的機會。當人悔改歸正，神便「憐憫，赦免他們的罪孽，不滅絕他們，而且屢次消他的怒氣，不發盡他的憤怒」（詩七十八38）。

神憤怒的背後是祂豐盛的慈愛，因此，憤怒只是一個短暫的情緒，目的不是傷害人。神不會發盡祂的怒氣，而是給人一個回轉的機會，一旦對方悔改，便願意寬恕和以慈愛相待。因此，憤怒的情緒本身並沒有出路，它的功用只是發出你已被傷害的信號。解決怒氣的方法，絕不是報復，因為以惡報惡，只會增加仇恨和傷害，反而被罪惡所控制。所以，保羅發出了「不可為惡所勝，反要以善勝惡」（羅十二21）的呼籲，因為對付罪惡的惟一辦法，是用愛去寬恕所承受的傷害。我們是被寬恕的一羣，我們要盡力去改變和保護自己，防止傷害繼續發生。並且注意不要抑壓憤怒的情緒，求神幫助我們將憤怒化為愛，不然便很容易說出傷害他人的說話或行為。主說：「伸冤在我；我必報應。」（羅十二19下）我們要將對方的惡行和報應交託給神，也求祂給我們解決這問題的智慧。

憤怒是一種非常有威力的情緒，就算是一個平日十分柔弱的人，一旦發怒，也可以嚇人一跳。憤怒的情緒可以觸發人內在所有的能力，進入爭戰狀態，給予人一種很有能力的感覺，亦因如此，有些人喜歡停留於憤怒的情緒中，讓自己重新感到自己的威力，也可以嚇倒身邊的人，使他們就範，聽自己的掌控。對於「壞的我」，憤怒是掩飾他們內在羞恥感的最佳工具，使他們能在人際關係上築起一堵牆來保護自己。

經常停留於憤怒情緒之中的人，憤怒只是他們用來掩飾悲傷（適應原始性情緒）的輔助性情緒。（詳參《情緒四重奏》第三章。）因為他們難於表達自己脆弱的一面，怕被人恥笑或傷害，因此他們經常以「強」者自居，不敢表示自己柔弱的一面。不只對人如此，就算在神的面前，也難以展示自己罪惡、黑暗或醜陋的一面。這令他們與人和神都保持距離，不敢去愛，也不敢接受神和人的愛，恐怕對方會因自己的不足而嫌棄自己，怕再度被傷害或遺棄。羞恥的情緒需要透過表達自己的軟弱，從別人的安慰和接納中，方能得到醫治。但是，「壞的我」往往因過往曾被傷害，所以在脆弱的傷口外築起厚厚的外牆，需要極大的勇氣和神的力量，才能穿越這些外牆，讓內心淌著血的傷口重見天日。

這一部分的靈修材料是幫助這些「強者」去感受自己柔弱的一面，也學習容許自己經歷哀傷的情緒，因為「神所要的祭就是憂傷的靈；神啊，憂傷痛悔的心，你必不輕看」（詩五十一17）。學習面對和接納自己的罪性和黑暗，向神展示，經歷神的接納和醫治，才能不再被羞恥所捆綁，從「壞的我」這自我觀念中被釋放出來，真正經歷在基督裏成為新造的人的喜樂（林後五17），學習與人與神建立一個愛的關係！

當「壞的我」發現自己的限制、自己的能力並不足夠，不能帶給自己喜樂和平安，從而開始明白要學習依靠神，去面對自己的羞愧和軟弱，便能從軟弱中去重新經歷神的大能如何在人的軟弱上顯得完全！

第31天
苦難中的安慰

朗讀經文

因為耶和華聽了窮乏人，不藐視被囚的人。願天和地、洋海和其中一切的動物都讚美他！（詩六十九33～34）

頌讚和感恩

代求

個人請求

背景經文：林後一1～24

保羅信主後，為福音的緣故經歷了很多的苦難，甚至連性命也不保，但是這些苦難和危險，並沒有令他卻步，反而給他更大的能力，更可安慰其他受患難的信徒。其中祕訣是甚麼？就是他經歷了安慰（4節），這安慰使他從憂傷中站起來，靠著神的力量得到鼓舞，並且使他藉這被安慰的經驗去安慰其他在患難中的人。你的生命是否也曾經歷神的安慰？請描述你曾如何經歷神的安慰。

要真正完全經歷神的安慰並不容易，那要視乎人是否願意真誠面對自己的傷口，願意向神敞開，以致神可以介入和給予安慰。安慰一詞在希臘原文為 *paraklesis*，不只是指憂傷時的安慰，也包含鼓舞、鼓勵的意思。我們能從保羅的見證，看到他經歷神的安慰後，從神那裏支取了一種力量，這力量鼓舞他向前邁進，甚至去安慰其他受患難的人；他同時也得著新的盼望，在這盼望中得著安慰（7節）！神已經賜予安慰擺在我們面前，問題只是我們是否願意去接受！你是否願意接受神的安慰？你又是否願意敞開你的傷口給神知道？

信徒往往未能真正完全經歷神的安慰，其中可能有以下幾個原因：

1　在自己感到痛苦的時候，沒有尋求神的安慰，便已用了自己的方法去幫助自己，換句話說，就是沒有將自己最痛苦的一面交給神，這樣當然也無法經歷神在自己的傷痛中賜下安慰。

2 容易生疑，不相信神安慰的說話，或者信得不足，因此未能經歷神的話的能力！即使曾有受安慰的一刻，但很快便因疑惑而再度不安！

3 認為自己不夠好，不配接受神的安慰！

4 因為自己有罪，認為神不會接納和安慰自己！

你是否也難以完全經歷神的安慰？其中原因何在？請告訴神。

為何當我們接受了安慰後，才有能力去安慰別人呢？因為惟有透過自己經歷苦難，才能夠容易明白別人經歷苦難的感受，才能安慰別人，與別人分享自己的心得。因此，安慰人的能力，不是從理性去分析而來，而是親身經歷而來！因此，我們受苦，並不是白白的，乃是要令我們更經歷神的大能和安慰，並且可以藉著安慰去造就其他信徒！你又怎樣去理解你曾經承受的苦難？現在，它們對你有何意義？

你是否不容易接受人的安慰？在你的成長經歷中，是否也很少得到父母及家人的安慰？這對你有甚麼影響？這可能影響你感到情感上很難去依靠人，不容易信任人，封閉內心的需要，對人不再有期望，心靈非常孤單。從而使你難以與人建立深入的關係，容易對人產生誤解，也不懂得如何去安慰別人。你認為你的成長經歷對你有甚麼影響？

保羅對哥林多教會盡心盡力，一面織帳棚，一面傳道，不想增添教會的負擔，其後反而被其中一些信徒攻擊他所傳的道似是而非。如果你是保羅，你會有甚麼感受？你是否如保羅一樣感到憂傷或憤怒？你會如何反應？你會不會像保羅般，語重心長地向他們一一解釋真理，再次表明自己的動機和立場？

當別人誤解你的愛心，你覺得被傷害後，你會怎樣反應？對比一下你與保羅的反應有甚麼不同之處，你認為是甚麼原因構成這些不同？

保羅領受神的使命，將福音傳給外邦人。你又是否有將福音傳給你身邊人的使命？

如果你發現自己對人缺乏愛心、包容性低、容易猜忌別人的動機、不容易相信人，被人誤解後，不懂得與人溝通和澄清誤會，你可以求神賜你智慧及耐力，不要用憤怒去控制問題，而是學習聆聽別人的解釋，表達自己的感受和需要，嘗試去接納別人的弱點。與此同時，也不要用憂傷去逃避問題，不去求證和澄清事情的真相。學習如保羅般寬容那些傷害他的人，因為我們都是主內的肢體，大家都受同一個聖靈的印記！

悔改和寬恕的禱告

主啊！教導我如何接受祢和別人的安慰，也學習如何去安慰自己和別人。讓我明白自己如何不信任人，也不願意打開我的心，讓別人明白我！也學習如何不用憤怒去控制或用憂傷去逃避問題，嘗試去澄清真相，明白別人！

・・・

默想經文

母親怎樣安慰兒子，我就照樣安慰你們；你們也必因耶路撒冷得安慰。（賽六十六13）

神對你說的話	向神的委身

第32天
瓦器裏的寶貝

朗讀經文

你的讚美，你的榮耀終日必滿了我的口。我年老的時候，求你不要丟棄我！我力氣衰弱的時候，求你不要離棄我！（詩七十一8～9）

頌讚和感恩

代求

個人請求

背景經文：林後四1～18

保羅蒙召做使徒，雖然這是相當困難的職分，並且受到很多的苦難，然而，他掌握了最重要的祕訣：不再靠自己的能力，而是從自己的軟弱身上，彰顯神莫大的能力；不是傳自己，而是傳基督耶穌為主，讓神的光從自己的軟弱中照耀出來。這個理念正正與我們的世俗觀念背道而馳：在這個弱肉強食的社會中，人應該儘量掩飾自己的缺點，表揚自己的優點，博取別人的接納。抱著這種世俗心態的人，在生命中又怎能真正經歷神莫大的能力呢？你是否想要以「強者」自稱，然而心靈卻疲乏孤單？你願意放下堅固的保壘，讓神的靈觸摸你心靈的脆弱之處嗎？

「神所要的祭就是憂傷的靈；神啊，憂傷痛悔的心，你必不輕看。」（詩五十一17）當我們內心軟弱之處，被神觸摸、醫治後，人所認為軟弱的，便變成剛強；人所認為剛強，卻變成軟弱！保羅已經得了這個祕訣，雖然四面受敵，卻不被困住；心裏作難，卻不至失望；遭逼迫，卻不被丟棄；打倒了，卻不至死亡。每一樣的困難和逼迫，只會讓保羅更加體會自己的軟弱和限制，學會更加的倚靠神。看來是詛咒，卻變成了祝福，讓基督的大能更加被彰顯出來！你是否也想在你的軟弱上，更經歷基督的大能？請告訴神你有何脆弱，是自己也不能接納的：

聆聽神如何回應你

回想過往的經歷，你是否要被迫到無路可走才會倚靠神？而你又是否從神身上得到所需的幫助和能力？為你所受的每一個苦難感謝神，因為你每一次都可以學習如何在自己的軟弱上，更加倚靠神！

面對自己的脆弱和失敗是非常痛苦的，難道保羅不怕死、不怕挨打、不怕被恥笑、不怕飢渴、不怕赤身露體嗎？難道保羅不想過安定舒適的日子嗎？然而，這些的痛苦，他都可以藉著基督的能力去勝過，所以保羅可以充滿信心地告訴我們，神的能力可以勝過這一切的痛苦，甚至死也「被得勝吞滅」（林前十五54）！神的能力能勝過你生命中最痛苦的經歷，當你經歷過神的得勝後，你就不再被過往那些痛苦的經歷所捆綁，神的大能釋放了你，以後這痛苦就不能夠再控制你。那麼，你就是真正經歷基督復活的大能：醫治我們軟弱之處；釋放我們的捆綁；更新我們內在的生命，一天新似一天！你願意嘗試經歷主的能力如何幫助你勝過面對自己深層的痛苦嗎？請告訴神：

悔改和寬恕的禱告

苦難可以成為生命的祝福：沒有脆弱、沒有痛苦、沒有失敗、沒有困苦，我們又可以如何去體會和經歷基督的大能？又如何能夠明白神的愛的長闊高深？回顧你過去苦痛的經歷，它們是你生命中的詛咒或是祝福？如果這些苦難仍然是你的詛咒，那你的痛苦仍未被神醫治和釋放，求神幫助你經歷祂復活的大能：

・・・

默想經文

你們若為基督的名受辱罵，便是有福的；因為神榮耀的靈常住在你們身上。……若為作基督徒受苦，卻不要羞恥，倒要因這名歸榮耀給神。（彼前四14、16）

因為基督也不求自己的喜悅，如經上所記：「辱罵你人的辱罵都落在我身上。」（羅十五3）

神對你說的話	向神的委身

第33天
在基督裏的自由

朗讀經文

我卻要常常盼望，並要越發讚美你。我的口終日要述說你的公義和你的救恩，因我不計其數。（詩七十一14～15）

頌讚和感恩

代求

個人請求

背景經文：加五1～26

當我們的罪被基督的寶血洗淨後，就得以自由，不再被罪所轄制，然而，保羅提醒加拉太信徒要站立得穩，不要再被奴僕的軛挾制。

在這裏，奴僕的軛是指被律法所挾制。雖然保羅這裏強調的是割禮再也不能令人稱義，然而，對於今天的信徒來説，我們可以將割禮引伸為所有律例標準。從前，我們依靠自己行為去扛起律法標準的軛；如今，既然進入了基督救贖的恩典中，便不應再走回頭路，再被律例和行為標準所挾制。老實説，我們是不能靠自己的努力而成為一個好的基督徒！無論我們如何努力，也不能因我們的行為表現去稱義！每一天，我們都需要基督的恩典，使我們能從律法的軛下得到釋放。

當我們舊的生命被基督所改變之後，很容易沾沾自喜，認為自己已經不一樣了，可以勝過一些罪惡和引誘，得到真正的自由。然而，這卻是我們再次不知不覺地陷入倚靠自己的能力去建立好的行為，再次落入律法的挾制中。基督徒稱之為「驕傲」。起初做一件事時，你帶著點點戰兢，最終靠著神的幫助順利完成，心中便歡喜快樂。但是，一旦被人讚賞之後，再做這件事的感受便不一樣，可能心情會比較沉重和擔憂，失去了當初的喜樂。你有沒有這樣的經歷？你認為是甚麼令你失去起初的戰兢和快樂呢？

可能這就是從倚靠聖靈轉變為倚靠自己的結果！如果你不肯定，祈求聖靈給你指引：

在基督裏的自由是怎樣一回事呢？這自由是建基於真理的（約八32），並且要接受基督才可以得到：「天父的兒子若叫你們自由，你們就真自由了。」（約八36）一旦得到後，我們需要倚靠聖靈才可以持久地活出自由的生命：「主就是那靈；主的靈在哪裏，那裏就得以自由。」（林後三17）所以，基督徒的生命一定要「靠著聖靈，憑著信心，等候所盼望的義」（加五5）。有一天當我們脫離這肉身罪的轄制，我們就能經歷那完全的義（羅五21）。然而，今天我們若隨從聖靈引導而生活，就能脫離罪惡的行為，生命中會彰顯聖靈所結的果子：這果子不是我們結的，而是住在我們心中的聖靈的工作。你是否願意經歷這自由的生命？告訴聖靈，求祂幫助你，並在你生命中結出果子：

然而，保羅提醒信徒，不要把基督裏的自由，當作放縱情慾的機會，總要用愛心互相服事（加五13）。因為，當我們被基督的愛釋放，得以自由後，我們的生命便不再只為自己而活，乃是為基督而活；不是只享受自己在聖靈中的自由，也想將自由的信息帶給身邊的人，讓他們也可以進入這自由中。所以，保羅也教我們：「凡事都可行，但不都有益處。凡事都可行，但不都造就人。」（林前十23）如果我們的自由，成為軟弱人的絆腳石，阻擋人認識基督，那我們就得罪了弟兄，也得罪基督了（林前八9～12）。

耶穌將舊約的律法總綱化為兩條的誡命，就是「盡心、盡性、盡意愛主——你的神」和「愛人如己」（太二十二37～40），這兩條誡命的總結就是「愛」。我們因著基督的大愛，拯救和改變了我們，我們也學習以愛去回應神和身邊的人。這愛是從神而來的，是由神而生，因為認識神，體驗神的愛，以致我們曉得如何以愛去回應神和彼此相愛（約壹四7～10）。

悔改和寬恕的禱告

告訴神你的生命是否缺乏愛的能力？求祂教導你明白沒有愛的自由是一種的放縱，不是祂所喜悅的！求祂讓你知道，究竟你經歷神的愛有多深，對神的愛也有多深：

…

默想經文

親愛的弟兄啊，我們應當彼此相愛，因為愛是從神來的。凡有愛心的，都是由神而生，並且認識神。沒有愛心的，就不認識神，因為神就是愛。神差他獨生子到世間來，使我們藉著他得生，神愛我們的心在此就顯明了。不是我們愛神，乃是神愛我們，差他的兒子為我們的罪作了挽回祭，這就是愛了。親愛的弟兄啊，神既是這樣愛我們，我們也當彼此相愛。從來沒有人見過神，我們若彼此相愛，神就住在我們裏面，愛他的心在我們裏面得以完全了。（約壹四7～12）

神對你說的話	向神的委身

第34天
人智慧的敗亡

朗讀經文

我的神啊，我要鼓瑟稱讚你，稱讚你的誠實！以色列的聖者啊，我要彈琴歌頌你！我歌頌你的時候，我的嘴唇和你所贖我的靈魂都必歡呼。（詩七十一22～23）

頌讚和感恩

代求

個人請求

背景經文：林前二1～16

在追求「醒目」、「出位」的現代社會文化中，所講求的是如何突出自己，顯示自己的智慧，收起自己的弱點，讓自己有更體面的包裝！這正是保羅要糾正哥林多信徒錯誤的觀念，因為人的智慧是絆倒人去認識神，反變成愚拙，所以神「揀選了世上愚拙的，叫有智慧的羞愧；又揀選了世上軟弱的，叫那強壯的羞愧⋯⋯」，而目的是讓人不能自誇，依賴自己的智慧（林前一20～29）。因此，保羅決定不用高深的言論和話語去傳講福音，皆因他知道人的智慧最終走上敗亡的路，憑自己一番熱誠、血氣之爭不能成就神的工作。你是否也曾經歷自己智慧的極限？人算不如天算，你的智慧能否改變人心，掌控局勢？你的看法如何？

保羅深深明白自己的智慧、口才、能力都阻擋他學習倚靠聖靈的大能，所以，他只傳耶穌基督，並祂釘十字架，而從不將焦點放在自己的成就上（如帶領多少人信主、所行的神蹟奇事及如何在辯論中語驚四座），因為人的信不在乎人的智慧，只在乎神的大能！真正的智慧是來自神，「神的愚拙總比人智慧」（林前一25），而神將祂的智慧藉著聖靈向我們顯明了。所以，當我們放下人的智慧，方能領受聖靈的教導，明白屬靈的事。你的生命倚靠誰的智慧？你曾否經歷從聖靈而來的智慧？過程是怎樣發生的呢？

愈有能力和成就的人，愈難領受神的智慧，他們很容易相信自己的判斷和眼光。聖靈的引導和感動，很快會被他們自己的看法所蓋過，連他們自己也不為意自己是如何迅速地消滅了聖靈的感動和提示。惟有謙卑、凡事去尋問神的人，才能夠從安靜中洞悉神的旨意和帶領。保羅分享他如何刻意不用他的智慧去教導信徒，而是等候聖靈給他指示的言語，將屬靈的話，解釋屬靈的事（林前二12～13）。因此，太相信自己能力和有自己一套想法的人，沒有空間去接受另一套想法，惟有去到窮途末路，才會願意去尋求和接受神的智慧。你的經歷又如何？

在寫這本書的過程中，神也教導我這個功課，如果用人的智慧去做，這將會是一個艱辛的歷程，因為釋經神學不是我的強項，然而，神透過我軟弱的地方，讓我體會如何倚靠聖靈的感動和引領去完成，而不是靠我的神學知識。因為「知識是叫人自高自大，惟有愛心能造就人。若有人以為自己知道甚麼，按他所當知道的，他仍是不知道」（林前八1～2）。當我放下自己的智慧，專心尋求聖靈的指引，每一天的靈修材料就漸漸完成了。你是否在生命中也曾體驗神奧祕的智慧？將你的心願告訴祂：

悔改和寬恕的禱告

聖靈的智慧是這個世界的人不去領會，甚至看為愚拙的！因此，要小心自己如何輕易地不相信、不接受聖靈的指引。如果你的心對聖靈的感動存疑，那感動便會很快消失，不再出現，最後你得出「神沒有給我指引，聖靈也沒有給我感動」的結論來！回想過往，你是否曾有這經歷？求聖靈顯示給你問題在哪裏？如果你曾質疑聖靈的指引，向祂認罪悔改：

敏鋭於聖靈的帶領需要我們願意隨時放下自己的計劃，按著當時聖靈的感動去做。有時，當聖靈給我一些構思或字句，如果我不立刻記下，或不放下當時已計劃的活動，又或者不願在那刻立即回應神的話，很容易就會錯過了那接收聖靈指引的機會。當然，神還會透過另一個機會向我們説話，然而，我們卻會如以色列人般在曠野中兜兜轉轉，拖延了進入迦南應許之地的時間。

你願意放下自己的智慧，凡事去尋求聖靈的指引嗎？甚至願意去順從聖靈的指引，去做一個在人認為沒有智慧的決定嗎？告訴祂：

・・・

默想經文

神卻揀選了世上愚拙的，叫有智慧的羞愧；又揀選了世上軟弱的，叫那強壯的羞愧。神也揀選了世上卑賤的，被人厭惡的，以及那無有的，為要廢掉那有的，使一切有血氣的，在神面前一個也不能自誇。但你們得在基督耶穌裏是本乎神，神又使他成為我們的智慧、公義、聖潔、救贖。如經上所記：「誇口的，當指著主誇口。」（林前一27～31）

神對你說的話	向神的委身

第35天
論斷中的自大

朗讀經文

不要叫受欺壓的人蒙羞回去；要叫困苦窮乏的人讚美你的名。神啊，求你起來為自己伸訴！要記念愚頑人怎樣終日辱罵你。（詩七十四21～22）

頌讚和感恩

代求

個人請求

背景經文：林前四1～21

論斷人往往是始於自視過高：不能接納別人的缺點，因此加以論斷和批判。其實，這反映了論斷者不能接受自己的缺點，因此容易把這些缺點投射於別人身上，只覺得別人有錯，這也是耶穌所指的：只看到弟兄眼中的刺；而不看到自己眼中的梁木（路六41～42）。這種心態會形成一種高人一等的心理狀況，終至重這個人、輕那個人（林前四6）。你是否也發現自己會容易陷入這種心理狀態？把你的掙扎告訴神。

當你論斷人，與人的關係容易陷入一高一低的不平等狀態時，你可能會發覺，你有時會覺得自己不足、比不上人；有時卻又看不起另一些人，認為自己比他們優越多了。你不知道自己為甚麼會如此，也不知怎樣去改變。如果是這樣的話，請告訴神，求祂幫助你去留意自己何時又在論斷人。

保羅針對哥林多教會的狀況，強調不要去論斷別人，也不要論斷自己。因為人有自我防衛機制，也有盲點，因此，保羅雖然不覺得自己有錯，但也不敢說自己一定是對的。只有神才能照出人心中的隱情來！在這段經文裏，保羅教導我們怎樣去改變：就是學習他那樣，不要論斷自己，自然也就不會論斷別人，免得自高自大。你是否願意學習不論斷自己？這意念是否會令你不安？你可能會認為，保羅如此屬靈，當然可以不論斷自己，但是我太差勁，如不論斷自己，可能反而會愈來愈差，因此，我要不斷鞭策自己向上。如果你仍時常如此看自己，那你與基督的救恩可謂無緣了！想透過自己的方法去改進自己，就有如法利賽人想用行為稱義一樣，最終只會失敗。請你在神面前省察這個不斷指出自己錯處及論斷自己的方法，是否合神的心意？這方法既已用了這麼久，你還認為它真的有效嗎？

你是否真的願意不再自救、不再不斷挑剔自己，接受自己不能改變自己的事實，將改變的責任交給神，接納神給我們白白的恩典？

因此，當我們完完全全接受神白白的救恩，就會清楚知道這一切是神所賜的，不是出於自己的行為，自然也不能自誇（弗二8～9）。就如保羅所説：「使你與人不同的是誰呢？你有甚麼不是領受的呢？若是領受的，為何自誇，彷彿不是領受的呢？」（林前四7）你是否能分辨依靠神的能力去改變自己，與倚靠自己力量去改變自己的分別？如果你能夠經歷到依靠神的力量的那種輕省，以及感受對自己和人多了接納，那你已能掌握這重點了！但是你仍需要不斷努力和操練，因為太容易不知不覺的又回到舊有方式去了！如果你仍未能經歷那種輕省和接納，你可以禱告，求神幫助你和指引你去尋找合適的屬靈長者和導師來幫助你。

要接納自己，不能進一步改善自己，是一個非常痛苦的歷程，這就是等於失去了盼望，要迫使自己面對真正的自己。有很多人不喜歡自己，因此不斷努力地去改進，希望能夠提升自己，以致自我感覺能夠良好一些！這個方法其實不是很有效，這種提升往往變成對自己無止境的挑剔和要求。這正是「壞的我」的寫照，感到自己內心的羞愧，需要不斷去批評自己，也不斷去挑剔別人。每次當你想論斷人的時候，反省一下你是否也不接納自己有別人的缺點，求聖靈光照你，讓你明白。

悔改和寬恕的禱告

神啊！幫助我去停止不斷對自己和別人批判的聲音，放下倚靠自己的力量，每次當這聲音不自覺的浮現時，求聖靈提醒我：

...

默想經文

你們得救是本乎恩，也因著信；這並不是出於自己，乃是神所賜的；也不是出於行為，免得有人自誇。（弗二8～9）

為甚麼看見你弟兄眼中有刺，卻不想自己眼中有梁木呢？你不見自己眼中有梁木，怎能對你弟兄說：「容我去掉你眼中的刺」呢？你這假冒為善的人！先去掉自己眼中的梁木，然後才能看得清楚，去掉你弟兄眼中的刺。（路六41～42）

神對你說的話 | 向神的委身

第36天
從軟弱經歷屬靈的能力

朗讀經文

主──我的神啊，我要一心稱讚你；我要榮耀你的名，直到永遠。因為你向我發的慈愛是大的；你救了我的靈魂免入極深的陰間。神啊，驕傲的人起來攻擊我，又有一黨強橫的人尋索我的命；他們沒有將你放在眼中。主啊，你是有憐憫有恩典的神，不輕易發怒，並有豐盛的慈愛和誠實。（詩八十六12～15）

頌讚和感恩

代求

個人請求

背景經文：林後十二1～21

保羅的生命中，經歷了主無數的顯現和異象的啟示：

- 在大馬士革的路上與復活的主面對面對話（徒九3～7）
- 在夜間有異象，請保羅去馬其頓（徒十六9）
- 在哥林多城夜間見主的異象（徒十八9）
- 在耶路撒冷聖殿禱告，魂遊象外見到主（徒二十二17）
- 夜間在公會的營樓中，主安慰他（徒二十三11）
- 在往羅馬的船途中，神的使者向他說話（徒二十七23～24）
- 以及被提到第三層天上去，聽見隱祕的言語（林後十二2～4）

但是他從不誇耀自己有這些特別的經歷，然而，在哥林多後書這段經文中提起，為的是要堵住哥林多的假教師對他所作的攻擊。

保羅很清楚明白基督徒不是要追求異象或屬靈的啟示，這是神特別的賜予，因為這些靈裏的經歷和能力容易令人自大，也令其他人把他看得過高，因而令人追隨保羅而不是跟從基督。因此，他是禁止不說這些經歷或只輕輕帶過，不會詳細地加以描述。當我們有一些特殊的經歷，會容易認為自己比別人屬靈，同樣也會很崇拜有這些經歷的人，容易變成自己追求的對象。你是否也有此的看法，你是否也很想追求這些特別的經歷？

保羅以身作則地教導我們追求聖靈的大能，不是透過神祕的經歷，而是誇自己的軟弱，「因我甚麼時候軟弱，甚麼時候就剛強了」（林後十二10下）。這是神藉著他身上的刺，教導他屬靈的真理：我們得力是源自於神，因此，只有在人的軟弱上，神的能力才能夠彰顯出來。你是否有為你的軟弱感謝神？回望你過去的日子，你生命中所經歷的軟弱、凌辱、艱難、困苦或傷害有否幫助你去更深經歷神的愛、恩典和大能？

悔改和寬恕的禱告

可能你會感到矛盾，雖然這些痛苦的經歷讓你可以認識神和依靠神，但是這些仍然是痛苦的經歷，你也不想再有痛苦，也未可以如保羅一樣對這些困苦甘之如飴。這是可以理解的，可能是因為你未能如保羅般真正經歷神的恩典，令他可以承受那根刺不斷帶來的痛楚。只有當我們經歷神幫助我們承擔那生命中最痛苦的一刻，我們才真正體會神的這句說話：「我的恩典夠你用的，因為我的能力是在人的軟弱上顯得完全。」（林後十二9）在你的生命中，你有沒有體驗過神的能力，如何能夠讓你可以承受痛苦而不被摧毀？如果未有的話，原因為何？在心靈最痛苦的時候，很多人不是尋求神的幫助，而是用自己的方法（包括自我防衞機制）去逃避痛苦，因而未能真正體驗神的能力如何令我們可以面對這痛苦。你是否也是如此？請告訴神：

你心裏可能猶疑，如何靠著神的能力去面對心靈的痛苦？難道禱告真的有用嗎？可能你認為我已為此痛苦禱告了很久，但是卻沒有甚麼果效。我們往往在痛苦過後才去禱告，而不是在身處痛苦之時禱告。從我自己的經驗中發現，最痛苦的時刻，人往往是一個人面對的。當人能夠在面對痛苦中遇上神的恩典，便不會再恐懼以後的苦難，因基督已勝過一切！告訴神，你的祈求是：

下次當你又再發現用自己的方法去逃避痛苦，你可以怎樣做？

你是否很矛盾？一方面很想經歷神的異象或屬靈的啟示；另一方面又不敢相信神會醫治你的痛苦。你需要的是屬靈的神祕經歷，還是讓祂進入你心靈的痛苦中，經歷祂的醫治，從而經歷聖靈的大能？你可以邀請主耶穌與你一起進入過去痛苦的回憶中，讓祂抱著你、拖著你或揹著你一起去面對痛苦的時刻。

默想經文

耶和華靠近傷心的人，拯救靈性痛悔的人。（詩三十四18）

我原教導以法蓮行走，用膀臂抱著他們，他們卻不知道是我醫治他們。（何十一3）

神對你說的話	向神的委身

第37天
你愛我嗎？

朗讀經文

耶和華啊，諸天要稱讚你的奇事；在聖者的會中，要稱讚你的信實。在天空誰能比耶和華呢？神的眾子中，誰能像耶和華呢？（詩八十九5～6）

頌讚和感恩

代求

個人請求

背景經文：約壹四7～21

你能夠體會神對你的愛有多深嗎？每當我從神的話語中看到神對以色列人的愛，祂如何不斷去包容他們的不信、疑惑、不知道、也不感激神的醫治和幫助（何十一3～4），及不專一跟從祂，我的心就深受感動。神的愛是如此的不變，如此的堅持，並且用不同方法去讓他們的心轉回；而我們就如以色列人，不斷在利用神，將祂視作救生圈、不相信祂的話、不把祂看作神、不理會祂的感受、不感恩圖報、不認真、也不付出。但是，神仍然對待我們如至寶，祂甚至犧牲祂最愛的獨生子，為了救贖我們這羣忘恩負義的罪人。你感受神對你的愛有多深？你願意更深體會神的愛嗎？告訴祂你的心聲：

如果你發現自己難於體會神對你的大愛，你需要認真地尋求，叫神讓你明白你的問題出在哪裏！除了神的愛之外，你是否也難於去體會別人對你的愛？如果是的話，可能你過往曾受的傷害，令你不再去接受和相信愛，因此，你的心裏有一堵牆阻擋你去感受人或神的愛。這是你潛意識的自我保護方法，可能你自己也不意識，但是現在知道了，你可以刻意去選擇接受和相信神真的很愛你，如果你仍有疑惑，告訴祂，求祂將祂的愛顯明給你看：

也請神讓你回憶起過往祂曾對你的愛和給你的幫助。

如果你不清楚你有多愛神，請你誠實的回應耶穌的問題：

1 你愛我嗎？

2 你愛我比＿＿＿＿＿更深嗎？（請填上你生命中摯愛的或看重的東西或人）

3 你愛我嗎？

耶穌也曾經問彼得三次：「你愛我嗎？」彼得十分肯定地回答耶穌：「是的，你知道我愛你。」（約二十一15～17）你是否也很清楚你是愛神的呢？如果你未能完全肯定，把你的掙扎告訴耶穌。

當彼得三次肯定他對耶穌的愛，耶穌吩咐他：「餵養我的羊。」你也可以問耶穌，祂想你怎樣表達你對祂的愛？你又是否願意為愛耶穌的緣故放下你的摯愛或所看重的事物或人？

請你環顧身邊的人，你是否也愛他們呢？你有為他們付出過甚麼？

既然神是如此愛你，你又是否如此愛你的家人、朋友、主內弟兄姊妹？

如果你仍然生氣於一些人，你可以因主的愛去原諒他們嗎？原諒他們對你的傷害並不等於要繼續被他們傷害，你有勇氣告訴對方你被傷害的感受和願意寬恕的心嗎？如果對方對你的感受不以為意，你也可以告訴對方如果他繼續傷害你的話，你會如何保持你的界線（參《情緒四重奏》第八章）。

悔改和寬恕的禱告

當我們可以完完全全接受自己的罪和缺點，也因而經歷神的愛和得到神的寬恕後，就不再懼怕，因著基督十架的愛，我們得以完全，面對人、神及審判也可以坦然無懼。你是否仍然心存懼怕，是否未曾完完全全經歷神赦罪的大愛？是否生命中仍有些自己不能接納的地方，未能開放給神呢？請告訴神：

你是否願意更愛神，更深去經歷祂的愛？求祂教導你如何愛祂更深！祈求聖靈向你啟示，可以怎樣更深經歷神的愛，更能去愛人：

當我們未能完全經歷神的愛，也令我們未能完全去愛神！

默想經文

使基督因你們的信，住在你們心裏，叫你們的愛心有根有基，能以和眾聖徒一同明白基督的愛是何等長闊高深，並知道這愛是過於人所能測度的，便叫神一切所充滿的，充滿了你們。神能照著運行在我們心裏的大力充充足足地成就一切，超過我們所求所想的。（弗三17～20）

神對你說的話	向神的委身

第38天
獻上自己

朗讀經文

稱謝耶和華！歌頌你至高者的名！用十弦的樂器和瑟，用琴彈幽雅的聲音，早晨傳揚你的慈愛；每夜傳揚你的信實。這本為美事。因你——耶和華藉著你的作為叫我高興，我要因你手的工作歡呼。耶和華啊，你的工作何其大！你的心思極其深！（詩九十二1～5）

頌讚和感恩

代求

個人請求

背景經文：羅十二1～21

基督徒如何能夠常活在主裏面，而主也常在我們裏面？這就如問一對夫妻如何能夠保持恩愛的關係，每天心裏都記掛對方，思念對方的需要，感受彼此相愛。答案就是每天將自己最好的送給對方，那份捨己去愛的心，就能使愛的關係延續下去！神對我們無私的愛，祂每時每刻在看顧保守我們，祂將最心愛的兒子送給我們，為我們贖罪。那你又以甚麼去回應神？你是否也擺上你最好的及最愛的給神？

保羅勸勉我們要把自己獻上給主，我也記得曾看過一篇感動的見證，就是將自己放在奉獻籃上面，作為給神的奉獻。不知道你曾否將自己奉獻給神？還記得那次的經歷嗎？這經歷為你帶來甚麼的改變？如果你從未奉獻自己給神，那又是為何呢？

如果你從未將自己獻給神，那你可能認為這只是適用於奉獻自己作為傳道人的專利，神沒有呼召我，所以不需要奉獻自己，但是這裏保羅是寫給每一位信徒的。舊約中，獻祭是為贖已犯的罪而設的，尋求神的赦免；新約時期因基督將自己獻為祭（來九26），為我們成了贖罪祭，我們便不需要再為自己的罪而獻祭。然而，保羅卻以神的慈悲勸勉信徒：「將身體獻上，當作活祭……你們如此事奉乃是理所當然的。」（羅十二1）中文聖經譯為事奉，而《新國際譯本》則譯為

Spiritual act of worship，因此真正的敬拜是將自己成為活祭獻給神。獻上自己為祭是建立屬靈生命的必要條件。就如保羅說：「我已經與基督同釘十字架，現在活著的不再是我，乃是基督在我裏面活著。」（加二20上）在基督裏面有新生命，是因為舊的我已經過去了（林後五17），而新的生命是由聖靈掌管，生命才能夠帶著聖靈的印記，幫助我們活出新的生命。所以，雖然我們不需要為自己的罪去獻贖罪祭，但是仍然需要獻上自己，成為活祭，才能被聖靈充滿，完全活出「常在主裏，而主也常在我們裏面」的生命。

只要我們定意不跟隨世界，只隨從聖靈的引導，聖靈會幫助更新我們的心，引領我們去明白神的旨意。你又是否有以上的經歷？你認為自己屬靈生命的成長的困難在哪裏？

悔改和寬恕的禱告

你看自己是否看得合宜呢？如果你看自己過低，那你可能未完全經歷神的愛和寬恕，未能完全接納自己，所以看自己過低；如果你看自己過高，那你可能未完全獻上自己，未被聖靈完全掌管。請你告訴神你的狀況，也讓聖靈引導你更明白：

如何能夠測試你的新生命是否帶著聖靈的印記，被聖靈掌管？可以與保羅列出的基督徒生活行為的準則（參羅十二9～21）相比，你在哪些方面尚有掙扎，告訴神，讓聖靈開啟你眼睛去明白，你那部分未被聖靈所改變的原因是甚麼：

你願意再一次的將自己獻給神？獻給神對你來說是甚麼意義？告訴祂：

…

默想經文

我已經與基督同釘十字架，現在活著的不再是我，乃是基督在我裏面活著；並且我如今在肉身活著，是因信神的兒子而活；他是愛我，為我捨己。（加二20）

神對你說的話	向神的委身

第39天
為義受苦

朗讀經文

你已經升上高天，擄掠仇敵；你在人間，就是在悖逆的人間，受了供獻，叫耶和華神可以與他們同住。天天背負我們重擔的主，就是拯救我們的神，是應當稱頌的！神是為我們施行諸般救恩的神；人能脫離死亡是在乎主耶和華。（詩六十八18～20）

頌讚和感恩

代求

個人請求

經文：彼前四1～19

很多基督徒都會不解：神為何容許苦難和不公平的傷害存留於這個世界上？當我們看到身邊的人或自己所曾經歷的痛苦，心中很自然埋怨神：祢為何如此殘忍，不施以援助或加以阻止？我自己的生命也經歷了很多的傷害，也有一段時間很怪責神，問祂為何要我經歷這些的痛苦。我也曾想過放棄與神的關係，不想再信祂！你是否也曾因有過一段傷痛的經歷而怪責神？將你的不滿告訴神：

你是否也曾或正想放棄神，不再信任祂，我行我素？

然而，當時我回想過去神曾陪伴我走過的路：祂曾給我的幫助、祂對我的愛和接納以及我曾所領受的恩典和力量，我又不捨得離棄這段十六年的關係。面對我的憤怒，神仍然很有耐心包容我，最後祂給我看到一幅圖畫：有一個很憤怒的女孩子站在牆角，耶穌伸出慈愛的雙手，去安慰她，但是她一手推開耶穌，不接受祂的幫助，自己仍然站在牆角繼續生氣！神就問我：你打算怎樣？是否繼續憤怒下去？你有甚麼出路沒有？我也問自己，雖然憤怒的情緒是正常的，但是我要怎樣去解決這個問題？我是否要繼續憤怒下去？還是接受神的安慰和醫治呢？你又是否也被困於這個憤怒的循環中，找不到出路？

最後我是選擇了神的安慰和醫治，如今回顧，我仍是衷心感謝神，雖然我曾經歷了很多痛苦，但是卻因祂受的鞭傷，使我得了醫治（彼前二24）。那你又如何選擇？

這是一個很矛盾的經歷，祂雖然容讓苦難臨到我們身上，然而，祂卻應許我們要得醫治和被釋放。有很多人會問：為甚麼神要容讓這世界充滿罪惡？當日神創造世界，給人自由意志的選擇後，當亞當夏娃犯了罪，神已經為解決這個罪的問題，做了很多功夫。祂曾後悔造人在地上，因人在地上的罪惡很大，終日所思想的盡都是惡（創六5～6），於是，祂用洪水滅絕所有地上有血肉的動物和人，除了挪亞和方舟裏的動物。當神聞到挪亞馨香的祭，就心裏說：「我不再因人的緣故咒詛地，也不再按著我才行的滅各種的活物了。」（創八21下）神顧念所創造之物，應許不再滅絕他們（創七11～九17）。但是，挪亞的子孫在不久後便想建造一座城和一座塔，這塔的頂要通到天上去，好傳揚他們自己的名。於是，神變亂他們的口音，使眾人分散全地。最後，神與亞伯拉罕立約，應許他的子孫成為大國，最終拯救他們脫離埃及，賜他們流奶與蜜之地。然而，他們仍然犯罪離開神，不尊祂為大，其後神再派不同的先知去預言不回轉的懲罰，也透過戰爭和災難去挽回他們的心，但是以色列民屢改屢犯，最終十誡、規條、獻祭都不能解決罪的問題。最後，神既不想再滅絕所有人和創造之物，便犧牲自己的兒子，獻了一次永遠的贖罪祭（來十12），救贖所有的人，為罪的困擾畫上一個句號。然而，罪人雖得救贖，但是，無論是因別人的罪而受到傷害，還是因自己的罪而承擔後果，罪的惡果仍然繼續成為苦難，傷害這世上的人！對於「神為何沒有出手對付罪的問題」的說法，你有何感受？如果你是神，你又如何解決這個罪的問題？如果要徹底解決罪的問題，惟一方法是滅絕一切所有的人和生物，你又是否想將你所創造的推向永遠死亡的深淵中呢？

如果耶穌基督也要為我們的罪受苦，那我們有罪的人豈不是也更要為罪而受苦呢？歷代歷世的基督徒也是活在這個苦難的困境中，當時在羅馬帝國中的基督徒受到宗教迫害，處境更甚為艱難，因此彼得寫信給分散於亞細亞的信徒，鼓勵和勸勉他們：為義受苦，是有福的（彼前三14）；也是神看為可喜悅的，所以我們要學效基督的榜樣，跟隨祂的腳蹤行（彼前二20～21）；並且受苦是我們與罪隔絕的兵器，使神榮耀的靈，常住在我們的身上，也因而歸榮耀給神（彼前四14～16）。

既然活在這個世上是不能避免苦難與罪的問題，彼得鼓勵我們不要被苦難所困，而是要轉化苦難，甚至將苦難成為榮耀神和與罪隔絕的工具。回想你過去所受的痛苦，對今天的你有何幫助？

當我回望過去經過神的醫治後的傷痕，很驚訝這個疤痕不單止不再痛，也藉此機會使我對自己和人的罪性和神的神性有更深的了解，也是因此傷痕使我生命中真正的經歷神，更體驗聖靈的大能大力，並且因為我所明白和經歷的，可以成為別人的幫助和導航，這疤痕見證著神的榮耀，把盼望帶給正在痛苦掙扎中的人。你又希望神如何使用你痛苦的經歷？

人是不會選擇苦難，只會儘量逃避苦難，因此，為義受苦是罕有的，然而，這力量的背後是靠著聖靈的能力，痛苦不再是那麼可怕，只有從痛苦中經歷神的大能的人，才能真正的擺脱痛苦和苦難的毒鉤，不再受此捆綁和威脅，不用再活在恐懼中，自此我們的生命更容易被聖靈去帶領和引導！

悔改和寬恕的禱告

你是否仍然活在苦難的恐懼中？你是否願意靠著神的能力去誇勝苦難，活出自由豐盛的生命呢？請告訴神：

・・・

默想經文

你們若為基督的名受辱罵，便是有福的；因為神榮耀的靈常住在你們身上。你們中間卻不可有人因為殺人、偷竊、作惡、好管閒事而受苦。若為作基督徒受苦，卻不要羞恥，倒要因這名歸榮耀給神。（彼前四14～16）

因那使人成聖的和那些得以成聖的，都是出於一。所以，他稱他們為弟兄也不以為恥。（來二11）

神對你說的話 | 向神的委身

第40天
喜樂的祕訣

朗讀經文

當稱謝進入他的門；當讚美進入他的院。當感謝他，稱頌他的名！因為耶和華本為善。他的慈愛存到永遠；他的信實直到萬代。（詩一〇〇4～5）

頌讚和感恩

代求

個人請求

背景經文：腓四1～23

雖然作為基督徒，我們應該喜樂，然而喜樂的心卻不容易燃點起來！保羅卻堅持信徒要學習靠主喜樂。這顯然是要經歷豐盛的屬靈生命的重要元素，如果我們在主裏的新生命，仍然是愁苦憂慮，那與我們的舊生命有何分別呢？基督徒的人生也可以充滿困難和挫敗，然而，保羅分享他能夠保持一個喜樂的心是因為知足！

當我們知足，就可以減少很多無謂的掛慮和擔憂，不再被得失成敗困擾，可以以一個平常心去過每一天的日子。話雖容易，如何可以學會知足？當保羅奉獻自己被主使用，學習完全倚靠主的帶領，無論身處甚麼的光景，他對主的完全信任令他學會了知足，因而可以「一無掛慮」，經歷「神所賜出人意外的平安」（腓四6～7）。你的生命是否能夠喜樂？從你個人的經歷中，你對知足常樂這個道理有甚麼體會呢？

有哪些事情你會容易知足，有哪些的事情則較難知足？原因為何？

在你平日生活中，你發現自己是如何不知足？我發現自己每天總有做不完的事要去完成，這樣的工作安排令我筋疲力竭，每做完一件事後，未能好好去享受那種完成的滿足感，下一個任務已接踵而至，又有趕快完成的壓力。聖靈藉此教導我知足的功課。你不知足的情況又是怎樣的？

如果你認為自己本身是一個知足的人，那你可能要注意自己是否用知足作為一個逃避的借口，讓自己繼續停留在一個安全的景況中，不去改變和成長。因此，在平順的日子容易知足，但是一旦進入動盪變遷的日子，知足的心就難於保持，那你並未真正的靠主知足，以致可以無論處於甚麼的景況，都可以知足。那甚麼樣的景況令你難以知足？

當你能夠不怕患難，在患難中學會了如何自處，因為經歷神的恩典夠你用，就能更深體會保羅的話：「我靠著那加給我力量的，凡事都能做。」（腓四13）你曾否經歷靠著主給你的力量，能夠完成一些自己未能獨力面對的事？過程是：

真正的知足，是一種完全的信任。就如一個小孩，拖著父親的手，心裏感到很滿足、很安全，無論父親帶他吃甚麼、去哪裏都不重要，只要能夠與愛自己的父親在一起，就非常足夠了，知道父親必定將最好的給自己。你對天父是否有這種的信任，以致你可以安心的依靠祂，無論在甚麼景況也深信「萬事都互相效力，叫愛神的人得益處」（羅八28）、接受神容許一切事情的發生有祂的美意，不去埋怨，反而學習如何依靠主所加給的力量去面對和完成。這個經歷幫助你更能體會何謂：「神必照他榮耀的豐富，在基督耶穌裏，使你們一切所需用的都充足。」（腓四19）如何在貧窮中仍然能富足就是這個道理！你願意求神幫助你，更去體會真正的靠主知足嗎？

悔改和寬恕的禱告

告訴神你的心是否仍有不知足，仍然很需要被滿足，求聖靈光照你，讓你知道你內心的需要是甚麼，求神去滿足你，而不是用你的方法去滿足自己，也求祂讓你明白這需要是否反映你童年成長的缺乏：

・・・

默想經文

要常常喜樂，不住地禱告，凡事謝恩；因為這是神在基督耶穌裏向你們所定的旨意。（帖前五16～18）

我們又藉著他，因信得進入現在所站的這恩典中，並且歡歡喜喜盼望神的榮耀。不但如此，就是在患難中也是歡歡喜喜的；因為知道患難生忍耐，忍耐生老練，老練生盼望；盼望不至於羞恥，因為所賜給我們的聖靈將神的愛澆灌在我們心裏。（羅五2～5）

神對你說的話	向神的委身

跋

走出曠野，展翅再飛

以下是一九九九年的九月離開八年的曠野之旅的心聲，當時寫給洛杉磯國語浸信會的弟兄姊妹，刊登於教會的家訊之內。現也藉此與你分享我當時走出曠野的心情。

當大家看到這篇文章的時候，我已經離開了洛杉磯，告別了八年荒漠的生活。剛去洛杉磯的時候，計劃逗留兩年時間完成婚姻家庭輔導碩士的課程，想不到離開的時候，還加上心理學博士的學位；只帶兩件行李來，走的時候卻帶著二十箱書籍和行裝。神的恩典不只是物質上的豐盛，在我內在的生命的重整更是如此，就如保羅所說：「我的神必照他榮耀的豐富，在基督耶穌裏，使你們一切所需用的都充

足。」（腓四19）

起初以為加州是一個陽光城市，對於觸目所見盡是枯枯乾乾的棕黃色的沙漠，感到訝異，這無形中也描述了我荒漠生活的開始。聖經中提及屬靈的人物在曠野和屬靈操練是不可分割的。保羅在大馬士革沙漠三年（加一17～18）；摩西在曠野四十年（出二章）；耶穌在曠野四十晝夜（太四2）。而這八年荒漠生活也成為我屬靈生命的重要基礎！

獨處等候

荒漠的特色是除去一切世界的繁華和引誘。隻身一人在美國讀書，既無親人，也無名利可爭，驅使我專一尋求神，祂成為我惟一的依靠，學習獨處中去聆聽神的聲音。剛開始時，有點沉不住氣，漸漸從靜處中經歷神的愛，神透過微小的聲音向我説話（王上十九12）。從自己的失敗中，學習等候神的帶領，不再被環境的催迫下作出自己的決定。記得當我為加入愛團事奉尋求神的旨意，透過創世記十五章6節指出亞伯拉罕因信耶和華，就以此為他的義：原來稱義並非指亞伯拉罕行為完全，乃是因他等候神的旨意。神叫他前往，他就前往；神説向左，他就跟隨；神沒説話，他就等候；這就成為他的義。等候的功課，不但需要耐心，更重要的是因相信神會清楚指示而不隨便以自己聰明行事的勇氣。透過從小事上等候神的經歷，漸漸學習凡事等候。

信心操練

等候與信心的學習是互動的，不能缺一。當日考慮申請博士課程之初，因經濟的問題遲疑不決。記得以往每讀到宣教士在貧乏中經歷神的供應，反省自己卻缺乏對神在金錢上供應的信心。同時又因父母未信主，而博士的訓練是為了事奉神的緣故，故此我不想加重父母的擔子。所以，雖然只有一年的學費，但我憑信心學習相信神會如期供應——如果這是祂心意的話。五年來，神的信實並沒有落空，透過學校獎學金、學校對加籍學生的特惠和教會獎學金的支持，生活所需的一切充充足足，一無所缺。

帶領愛團，也是另一種信心的操練。憑著神的應許，我學習亞伯拉罕信心等候的功課。沒有因為客觀環境條件的限制而在愛團的事奉上作出妥協，我深知，只要是有助青少年屬靈成長的活動，神必供應。記得每次舉辦退修會，總因為缺乏經費、輔導人員和交通工具而產生阻礙，但是神奇妙的預備使我們每次都能如期出發，整個團契一起經歷神的信實，在輔導員和團員的生命裏，劃出一次又一次刻骨難忘的信心經歷。

今年的五月是我生平第一次動手術，雖然醫生認為是癌症的機會不高，但畢竟面對手術的風險而心裏惶恐。一天在駕車的途中，神用一句經文安定我心：「不要怕，只要信。」（路八50）耶穌是用這句話安慰睚魯，他的女兒必得救。在動手術的前一天，有朋友建議我用催眠術練習讓血液慢流，防止過量失血；聖靈卻讓我練習默想神的愛在我血管裏慢慢的流動。動手術的當天，我被推進手術房之前，告別了媽媽，心裏非常平靜，毫無難過或緊張，我只是靜靜地默想神的愛在我的血管中慢慢的流動。當我手術後醒來，第一個感覺告訴自己的是“I feel good”（我感覺很好），第二個感覺是覺得餓，想吃東西，而第三個感覺才是疼痛。當我被推出手術房時，我微笑向家人揮手，家人告訴我，整個手術過程非常順利，醫生也很驚喜，可以保存我的子宮，失血也不多，而之後的復元也相當迅速。我相信整個的經歷是神奇妙的醫治，再一次印證祂的話：「不要怕，只要信。」也藉此感謝教會弟兄姊妹的關心和代禱，我相信禱告是大有能力的！

重拾真我

荒漠的生活也驅使我去面對自己，心理學的訓練幫助我更認識隱藏的我，因著神完完全全的愛和接納，給予我勇氣去接納真正的我，包括我黑暗的一面。每一次去面對我人性的一面，心裏因傷了天父的心而難過，換回來的卻是天父的寬恕和接納，幫助我接受我不完全的一面，不再掩飾，讓我能坦誠地面對神。

在大專作輔導的時候，被輔導者的形象所捆綁，害怕別人不接受我人性的一面，因而成為事奉的阻力。在愛團的事奉裏，因著年青人的真誠，我也學習以真誠相待，讓真我活在他們當中，與他們一起歡笑、一起流淚，我也不怕讓他們知道我的缺點、我的限制，也和他們共同接受這就是我！不再被外在的形象所捆綁，真我就成為事奉的動力，以生命影響生命，我的真誠也感動他們去認識真誠背後的神。當我離開洛杉磯時，心裏最不捨得的，也是愛團的年青人。那幾年建立深厚的感情，心裏牽掛他們屬靈的成長，盼望他們在愛團穩扎屬靈的根基，以致今後對神的信心不被動搖。

重整過去

面對真我時候，難免要重整過去心靈的創傷，心理學的訓練幫助我怎樣去面對和處理創傷，神的愛卻是醫治創傷的源頭。在處理創傷的過程中才了解這創傷也無形中成為我與神之間的一堵牆。掙扎了一段日子之後，到一九九四年的復活節，藉鍾牧師講道中講到十架七言的最後一言：「成了！」，粉碎了這道築了幾十年隱藏的牆，就如殿裏的幔子從當中裂開，自此與神的關係便更趨親密。

確定呼召

十二年前離開香港，移民加拿大的時候，未曾想過我會重回香港。我嚮往外國生活的空間和自由，厭惡香港繁忙和緊張的生活所造成的壓迫和窒息。在北美居住多年以後，漸漸從崇拜外國文化轉為沒有歸屬感、寄居異鄉的情懷！與此同時，神又挑戰我是否願意服事中國同胞？雖然我一直對中國沒有特別的感情，但是我最後還是放下自己的感覺，學習願意順服神的帶領。透過不同的聚會和經歷，神漸漸把服事中國人心靈創傷的負擔放在我心裏，每次想到他們的需要，我心裏就難過流淚，我很清楚知道這個負擔不是出自於我，而是神的工作。前面服事的細節和途徑還不是十分清楚，畢業後暫時計劃安息一年，並準備應考加州和加拿大的執照考試，明年中會回香港服事，再等候去中國的機會和途徑。請弟兄姊妹繼續為我回香港和中國的服事禱告。

持定立場

人常常會有害怕，我也不例外：害怕別人的拒絕，被人羣孤立和黑暗勢力的力量。在荒漠的日子裏，屬靈的攻擊層出不窮，深深感受撒但如何利用恐懼來控制我，最後我也學習正面去應對，不再妥協和迴避。記得有一次，我遇見一位 New Age 的女巫，我喝了她給我的一杯水，心裹害怕，自己會否被黑暗勢力所控制。於是想把水吐出來，在嘔吐的過中，我突然領悟到自己中了撒但的詭計。我既然深信基督寶血遮蓋我，便不應該被從撒但而來的恐懼轄制。面對黑暗勢力時的孤單感是難受的，然而，靠著天父的恩手，我也一一安然渡過，亦因而衝破恐懼的心理，更深經歷在基督裏自由的釋放。

在羣體中，我會比較安靜，不大敢表達與眾人違背的想法。透過這幾年心理學的訓練，我學習相信和尊重我內在感受和想法，嘗試去表達內在的真我，持定我的原則和價值觀，不被羣眾的壓力而妥協或左右我的立場。

展翅再飛

以前很羨慕飛鳥在空中任意飛翔，海闊天空，自由自在。可是現在不再為要飛而飛，為自由而自由。我在基督裏找到真正的自由，在神的慈愛裏，我得到赦罪的自由；在祂的恩典中，我尋到真我的自由；在祂的真理裏，我的自由覓到正確的方向。這次再次的起飛，心情錯綜複雜，懷念這八年荒漠艱苦的經歷，戰戰兢兢去面對明天的挑戰，卻同時欣然進入生命新的一頁，擁抱著在基督裏對明天的盼望。雖然告別了荒漠的日子，身上卻帶著它的印記，一同上路！

附錄一

聽主微聲：如何聆聽和辨別神的聲音

神喜悅我們去尋問祂，聆聽祂的聲音，祂更呼喚我們走在祂的道路中：「耶和華如此說：你們當站在路上察看，訪問古道，哪是善道，便行在其間；這樣，你們心裏必得安息。他們卻說：我們不行在其間。我設立守望的人照管你們，說：要聽角聲。他們卻說：我們不聽。」（耶六16～17）所以，「有耳可聽的，就應當聽」（太十一15）！

很多基督徒都知道讀經是領受神話語的渠道之一，但沒想過在禱告中亦能領受神的心意，禱告變成單向式的個人匯報，沒有安靜去等候神的回應。他們以為神只會以行動去表明祂的心意，所以便沒有期望神會直接向他們說話，更沒有安靜等候和聆聽神聲音的習慣。神是希望我們聆聽祂的聲音：「看哪，我站在門外叩門，若有聽見我聲音就開門的，我要進到他那裏去，我與他，他與我一同坐席」（啟三20）；「耶和華喜悅燔祭和平安祭，豈如喜悅人聽從他的話呢？聽命勝於獻祭；順從勝於公羊的脂油」（撒上十五22）。在英文《新國際譯本》中「聽從他的話」是“obeying the voice of the Lord”。因此，我們是可以聽到神的聲音的，但是我們對神的認識不足，也不熟悉祂的聲音，即使聽到，也不清楚神是否在向自己說話，也沒放在心上或弄個清楚！

神傳遞信息的方法

神如何向我們傳遞祂的信息？我們可以從個人的經驗，以及聖經中神曾如何向祂的子民說話作為借鏡，大概可以分為下列八點：

1 **神的話語**。神會透過經文向我們說話，這是很重要和最普遍的渠道。神向我們表明祂的心意，我們也可以慢慢逐一聆聽。當我們看到某一節經文，這節經文能引起我們的注意，心中突然被感動，或聖靈開啟我們屬靈的眼睛，使我們對這節經文有一個新的領悟，往往是聖靈在我們心裏作工，神在向我們說話的結果。有一年，我在加拿大接受一份新的工作之前，感到非常恐懼，於是尋問神的心意，等了三天，仍未收到神給我的信息。當時我仍未熟悉神的聲音，情急之際，就求神透過經文指引我，就隨手打開聖經，剛翻到耶穌三次問彼得：你愛我嗎？雖然已很熟悉這段經文，但是在那一刻，我心中起了感動，於是問神：祢是否也如呼喚彼得一樣，呼喚我去牧養祢的羊？這是一個令我很意外的結果。原本我想問神的是：祢為何要我去離多倫多一個多小時的小鎮工作，這是否祢要我做的工作？想不到這個問題卻換來神呼召我去牧養祂的羊。神最後帶領了兩個香港學生去這個小鎮讀書，讓我有機會向他們傳福音，最後他們都信了主。神往往藉著我們的尋求去成就祂的旨意。

2 **現象**。神也會透過一個現象或經歷向我們說話。在舊約的故事中，充滿了神透過大自然現象向我們顯示祂的臨在的記載：「眾百姓見雷轟、閃電、角聲、山上冒煙，就都發顫，遠遠地站立」（出二十18）；「他們向曠野觀看，不料，耶和華的榮光在雲中顯現」（出十六10下）；「西奈全山冒煙，因為耶和華在火中降於山上。山的煙氣上騰，如燒窰一般，遍山大大地震動」（出十九18）；「日落天黑，不料有冒煙的爐並燒著的火把從那些肉塊中經過」（創十五17）。另一種是透過聖靈降臨在人身上的現象：「忽然，從天上有響聲下來，好像一陣大風吹過，充滿了他們所坐的屋子，又有舌頭如火焰顯現出來，分開落在他們各人頭上。他們就都被聖靈充滿，按著聖靈所賜的口才說起別國的話來。」（徒二2～4）有一次，我認識的一位姊妹描述她在一個敬拜聚會裏面的奇異經歷：她的手不由自主地重複一些她並不想做的不同動作，她發現自己不受控制，也不能停止。當我們遇見這些現象後，最重要是尋問神，我們該如何去理解這些現象，神要對自己傳遞甚麼信息。

3 **聽得見的聲音**。神的聲音在聖經中並不陌生，翻開聖經，便可以發現裏面記滿了神發出聲音與人說話的記載：撒母耳年幼的時候，神的聲音在晚間呼喚他（撒上三4～10）。摩西是惟一可以面對面與神說話的人（出三十三11）：在整個曠野的旅程，神的話語不停指引摩西（參出十四15～16，十五5～26）；摩西上西奈山四十晝夜聆聽神的話，領受十誡，並且在神的會幕中與神說話（出三十四27～35）。回想自己的經歷，某天早上在我睡醒之前，神的聲音突然出現，問了我一個問題，那正是我當時所面對的掙扎。那刻我很清楚這聲音是從神而來的，思索一下問題後便深信不疑地作出回答。最後，我明白神所問的問題是幫助我去解答心中的疑問，單是祂的聲音就已化解了我的疑團，就如約伯所經歷的一樣，神的聲音及回答，化解了他的埋怨（參伯四十二5）。

4　**現象加聽得見的聲音**。在聖經的敍述裏，除了神的聲音外，也有神臨在的現象與神的聲音一同出現，使人知道這聲音是從神而來：神在西奈山向以色列人說話的時候，「眾百姓見雷轟、閃電、角聲、山上冒煙，就都發顫，遠遠地站立，對摩西說：『求你和我們說話，我們必聽；不要神和我們說話，恐怕我們死亡』」（出二十18～19）；耶穌受水禮後，「正禱告的時候，天就開了，聖靈降臨在他身上，形狀彷彿鴿子；又有聲音從天上來，說：『你是我的愛子，我喜悅你』」（路三21下～22）；耶穌登山變像時，「正禱告的時候，他的面貌就改變了，衣服潔白放光。忽然有摩西、以利亞兩個人同耶穌說話」（路九29～30）。

5　**天使或超自然的使者**。如在創世記十八章中，有三個使者向亞伯拉罕顯現，將神的應許告訴他，明年他必生一子。到十九章，有兩個天使到訪羅得。除了天使之外，以賽亞看見一撒拉弗手拿著紅炭，飛到他跟前，將炭沾他的口說：「看哪，這炭沾了你的嘴，你的罪孽便除掉，你的罪惡就赦免了。」他又聽見主的聲音說：「我可以差遣誰呢？誰肯為我們去呢？」他說：「我在這裏，請差遣我！」跟著他又聽到主的聲音（賽六6～8）；但以理在禱告中，看見先前在異象中所見的那位加百列：「奉命迅速飛來，約在獻晚祭的時候，按手在我身上。他指教我說：『但以理啊，現在我出來要使你有智慧，有聰明。你初懇求的時候，就發出命令，我來告訴你，因你大蒙眷愛；所以你要思想明白這以下的事和異象。』」（但九21下～23）以及約書亞遇到一位拔出刀來的使者作耶和華的元帥（書五13～15）。

6 **夢或異象**。神會透過夢和異象向我們說話，而異象的信息往往較夢更為清晰及容易理解：保羅在夜間見到異象，有馬其頓人請求保羅去馬其頓幫助他們（徒十六9）；彼得魂遊象外，看見天開了，有一塊大布，裏面有各樣不潔之物，並有聲音叫他起來，宰了吃（徒十9～16）；保羅也有魂遊象外的經歷，見到主吩咐他趕快離開耶路撒冷（徒二十二17～18）。從上述經文可歸納出，神的異象通常是帶出一個清楚的信息，給人特別的指示。與異象相對的，有些夢卻需要有解夢的人幫忙解釋，例如神曾派約瑟去為法老解夢（創四十一1～7、25）；也派但以理為尼布甲尼撒王解夢（但四4～18）；神也透過夢將祂的應許或將來發生的事告訴雅各（創二十八11～17）和約瑟（創三十七5～9）。神可能透過夢告訴我們一些那刻未必能完全明白或掌握的事，但是，如果我們認真尋求神，將不明白的地方放在心裏，神會漸漸向我們展示祂的心意。

7 **人的聲音**。神也會透過人向我們說話。神差拿單去責備大衛行姦淫的行為（撒下十二1～14）。祂也會感動人說預言，很多舊約的先知也有此經歷，「耶和華的靈藉著我說：他的話在我口中」（撒下二十三2）。在舊約中，這就是先知的角色，將神的話語傳遞給指定的人，「因為預言從來沒有出於人意的，乃是人被聖靈感動，說出神的話來」（彼後一21）。另一種較常見的情況是神透過牧師的講道、別人的分享或見證向我們說話，這往往是聖靈的恩膏，就如在五旬節聖靈降臨在使徒身上，彼得被聖靈充滿後講道，結果領了約三千人信主（參徒二14～42）。當我們的生命順服於聖靈的掌管，便漸漸經歷聖靈透過別人向自己說話，自己也成為神的僕人，按祂給予的感動向別人說話。

8 **人的靈或微小的聲音**。透過我們對自己、或人或事的思想和感受，神藉著微小的聲音將祂的話語進入我們的靈裏。當我們熟悉神的話語，我們或許會突然想到某節經文或某些意念，這些經文或意念往往不是我們那刻會想到或能想到的。那刻會覺得有點突如其來，像是受到外在刺激或啟發一樣，有些人稱之為「靈感」。神也會給予我們一種突如其來的感受，可能與那刻的環境狀況並不配合：例如在危難或憂慮中，能領受從神而來的平安；在平順的日子中，卻感受聖靈指摘我們心中那隱藏的罪；或突然注意到身邊的景物比平日美麗等等。人的靈是神所賜的（創二7），所以，人是有能力從我們的靈去接收神給我們的信息，「人的靈是耶和華的燈，鑒察人的心腹」（箴二十27）。然而，我們的靈因罪的緣故，時常被扭曲、誤導或蒙騙，因而未能準確地接收神微小的聲音。當我們的生命被神的話和愛更新，活在聖靈的引導中，我們的靈便更有洞察神微小的聲音的能力，因我們已有基督的心了（林前二16）。

在聆聽的過程中，我們可能側重某些奇異的經歷，因而覺得異象或聲音的現象較為重要。其實，無論透過任何方式，我們都要認真處理神所給的每一個信息，因為每一個信息都可以讓人經歷的生命改變。最重要的是不要追求奇異的經歷，也不要將這些經歷作為誇耀自己屬靈的能力，反而要學效保羅所誇的只是自己的軟弱。

聆聽神的聲音

要聆聽神的聲音，首先要安靜在神面前，這往往並不容易，尤其當我們工作愈繁忙，壓力愈大時，當靜下來時，就會不斷有不同的思緒浮現，提醒自己「這樣沒有做好，那樣沒辦妥」，就有股衝動想去完成這些瑣事，而未能集中精神安靜。因此，可以嘗試寫下這些浮現的事情，稍後才做，或禱告把這些要做未做的事交給神，求神幫助自己放下這些包袱，專心尋求神。也有些人發現自己一安靜下來，便睡著覺，這其實反映了身體實太疲勞，就如以利亞一樣（王上十九5～6），需要先休息才能聆聽神的聲音。

全人的聆聽（Total Listening）

人需要用心和專心才能聆聽到神的聲音，這是一種全人的聆聽，在完全的寂靜中，細心注意自己內在的情緒反應、思想或衝動，嘗試記下自己的反應，問問神，自己該如何去理解自己的反應。最重要的是，不要去忽略一些自己認為不重要的小節，例如：無謂的遐想、奇怪的想法、無關痛癢的笑話。每一個情緒的表現都有背後隱藏的意思，不要輕視。面對一堆自己也不明所以的反應，你可能也會覺得甚是困擾，然而，學習面對自己未能立時掌握的情緒資訊，讓聖靈啟導我們慢慢明白過來，是整個曠野旅程中一個重要的學習。全人的聆聽包含以下的兩部分：[1]

聚焦式的安靜（Focused Silence）

學習安靜對身處都市的信徒來說，並不容易。除了很難找到寧靜的環境外，嘈吵忙碌的生活已成為慣性常態之一。人若完完全全地安靜下來，反而會帶來焦慮不安的情緒。然而，逃避並不是好辦法，所以，我們需要透過操練，邀請主耶穌來幫助自己學習停留在安靜之中。漸漸地，焦慮不安的情緒會隨著你願意去感受這情緒而發現這情緒漸漸會散去。（參《情緒四重奏》第七章。）你也可以求神讓你明白是甚麼形成這焦慮不安的情緒。在神面前學習聚焦式的安靜，在寧靜之中，嘗試集中注意力，分辨各樣微小的聲音，有如先知哈巴谷獨上守望樓聆聽神的聲音：「我要站在守望所，立在望樓上觀看，看耶和華對我說甚麼話。」（哈二1上）

在專注的過程中，我們要學習的第二個功課是放下自己固有的模式。神不一定要用我們所期望的方式向我們說話，祂回答我們的方式可能出乎我們意料之外：就如先知以利亞，祂不是在烈風中、地震中或火中聽到神的聲音，而是在火後聽到微小的聲音（王上十九11～12）。因此，我們需要開放我們的心和思想（mind），放開我們既定的觀念和期望，去接受我們規劃以外的概念。尤其當我們要去接觸一些我們不想去聽、不熟悉、不吸引的範疇時，就更是如此。

專心的聆聽（Attentive Listening）

人的理智層面有很多的局限，防衛機制將我們不接受或不能綜合的資訊滯留在潛意識或下意識裏。神給我們的創意和想像力，可以幫助我們去突破自己理智的局限，以致神可以透過非理智的渠道去接觸我們，就像祂以沒有被燒毀的荊棘來呼召摩西一樣。以致我們可以放下自己日常生活的纏擾，留意聖靈給我們的引領。當我們去注意我們五官的感應和感受，以及所浮現的思想和圖畫，就可以釋放我們理智的局限，打開我們內心，讓神的信息可以更全面的傳遞給我們。

1 專心的聆聽是包括用我們身體各樣的感官：眼、耳、鼻及感受去接收各樣的信息：神可以透過我們的痛苦、愉快、意願、情緒及五官的感應和感受向我們說話，因此，我們需要用我們身體的每一部分去聆聽神。[2]

2 透過我們的感受去聆聽，留意在安靜中被誘發的感受和思想，沿著所引發的情緒反應去尋求神的指引。

3 我們的直覺和想像也可以是神向我們說話的渠道。神會透過圖畫、經文或異象來說話。異象是一種自發性的圖畫——人醒著時作的夢：神給約瑟異象以致他可以為法老解夢（創四十一1～36），神又用雲柱和火柱的形象，為以色列人在曠野引路。

4 藝術和音樂也可以是神說話的渠道，尤其是當我們的理性層面有所掙扎或有阻礙時，可能一首歌的旋律、瞬間一幅畫的影像、一齣戲的一幕或身體上的扭動的浮現，給予我們新的洞察力、安慰或釋放，使我們可以得到從神而來的亮光。

5 細心觀察神的作為，神透過人、事件、生命的景況向我們說話。當我們細心留意互不相關、不同時段所發生的事，並且記下，就如馬利亞把一些當時不明白的話語和事件記在心中（路二19），當我們細心將這些事情記在札記中，日後再檢視時，神便會讓我們明白這些事情的含義。

6 夢也是神其中一個傳遞信息的渠道。記下每天晚上所發的夢，除了可以幫助我們理解內在潛意識呈現出來的信息外，也可以留意神透過這些夢想你明白甚麼。因此，我們要將所發的夢帶到神面前，就如約瑟所說的：「解夢不是出於神嗎？」（創四十8上）不是每一個夢都同樣重要，但是，重要的夢是很容易分辨出來的。至於這夢是反映潛意識的信息還是神的信息，卻不容易分辨，這時你可以去尋問神。就算未能確知，也不用擔心，因為即使所反映的是潛意識的信息，但這也是神創造人的時候所賦予的構造之一，目的是幫助人接觸自己的內在意識。而且，夢也是神容許下發生的，為的是讓我們更明白自己。有些基督徒會擔心，用心理分析去理解夢的意思，會不會有誤解神信息的風險。其實，心理分析是工具之一，我們大可以將心理分析的結論去尋問神，看看那是不是出自於神，合乎神的心意。

邀請神的臨在

要聆聽神的聲音，其中一個要點就是相信神這刻臨在，並向我們說話。很多基督徒雖然知道神是無所不在，但卻又不意識神無時無刻都同在。因此，在等候及聆聽神的過程中，不期然會質疑神是否同在，是否會向自己說話。我們一旦開始懷疑神，疑惑便會令我們失去信心、失去屬靈的力量。當初我們決志信主，神的愛已降臨在我們身上；藉著受洗，我們與基督同死同復活：舊的我已與基督同釘十字架，現在活著的不再是我，乃是基督的靈在我裏面活著（加二20）。因此，佩恩建議我們要進行操練，相信神每時每刻的臨在，可以藉以下的宣言提醒自己：她邀請我們將手放在自己的胸前，用感恩的心去朗讀，承認神的靈臨在我們裏面：[3]

還有另一位在我裏面活著——主耶穌基督，這世界的光，因祢的靈和話語，我被引進真理；因祢的靈，我可以仰望天父——萬有的統治者、超然、至高又至聖——並且認識祂是我的天父。

主耶穌，多謝祢，因祢住在我裏面，讓我得以與天父結連，幫助我領受祂慈愛的話語和肯定，以致我可以找到、接納並活出真我。並且因祢和藉著祢為我爭回來的救恩，我被確認為天父所愛的兒女。

求祢的話，連同祢在其中的臨在，進入我裏面，照亮我整個人的每一部分，並賜我一個聖潔無瑕的思維能力，想像力和感受能力。我感謝主祢，在這刻，以及將來，謝謝祢答應我這個禱告，阿們。

真正的聆聽是遵守神的指示

聆聽神的聲音是需要操練的，這個操練是一種生命的委身，不只是安靜去聆聽，而是要凡事尋求祂的心意。耶穌說：「我沒有一件事是憑著自己做的。我說這些話乃是照著父所教訓我的。那差我來的是與我同在；他沒有撇下我獨自在這裏，因為我常做他所喜悅的事。」（約八28下～29）因此，聆聽神就是操練凡事去尋求，並且遵從神給的一切指示，這往往需要以信心去實踐神的吩咐。要常在主裏面，祕訣就是：遵守主的命令，常在主的愛裏，正如耶穌遵守天父的命令，也常在祂的愛裏（約十五4、10）。如果聆聽了神的聲音卻不去遵守，神便會沉默，要我們檢視自己的問題；當我們悔改和願意遵從神，神便樂於向我們發出祂更多的指示。

佩恩分享她操練聆聽神的其中一個方法，就是將耶穌的每一個命令個人化（將自己代入經文之中），變成耶穌對自己親自說話，然後把命令寫在靈修札記中，反複默想，求神指引自己該如何在生活中應用出來，學習憑信心而行。這個操練使她在基督裏成長，更體驗喜樂的生命，與神的關係更加親密。[4]

佩恩強調聆聽的過程需要將專注力放在神身上，而不是在人的需要上。我們往往不知不覺將焦點放在所做的事或人上，而不是在神的旨意上。章伯斯（Oswald Chambers）：「神的旨意永不是要『做』（do），做祂的工；而是『是』（be），我們的存在（be），祂便會透過我們去作成祂的工。」[5] 也不要將焦點放在神所給予的奇異經歷上，變成追求奇異的經歷，而不是追求神自己：每一次的等候與聆聽，所關注的並不是要得到那種特別的感覺、異象或聲音，而是注目在尋求和遵守神的旨意。

辨別神的聲音

起初去辨別神的聲音的過程，可能需要屬靈導師和牧者的幫助及印證，正如起初神呼喚撒母耳，撒母耳以為是以利呼喚他，後來經過以利的指示，才知道那是神呼喚他的聲音（撒上三4～10）。因此，當我們漸漸熟悉了神向我們說話的聲音、方法、所浮現的感受和聖靈的感動，便會開始較容易分辨神的聲音。然而，這是一個透過日積月累的操練而領悟的過程。

邁爾（Frederick Brotherton Meyer）提出三種亮光（the three lights）的說法：「當日常生活的環境因素與聖靈內在的提醒並且神的話語一致時，這些環境因素，對我們來說，絕對是印證神旨意的確實指標。當它們仍然靜止時，等待。當你必須行動時，就會開一條可以穿過海洋、河流、廢物和石頭的路。」[6]

另外，魏樂德（Dallas Willard）提出辨別神的聲音的三個元素：神聲音的權威性、神聲音的靈（Spirit of God's voice）和神聲音的內容。以下是綜合個人的經歷和不同的作者的意見：[7]

1 **環境因素**。環境的印證是辨別神心意的常用和重要方法，尤其適用於要去挑起一個艱辛任務的抉擇。神若開路，將攔阻移開便是重要的印證，說明這事合乎神的心意，亦是出於祂的作為。我們要將榮耀歸於神，因祂是創始成終者：「看哪，我要做一件新事；如今要發現，你們豈不知道嗎？我必在曠野開道路，在沙漠開江河。」（賽四十三19）若環境因素順利，無法分辨這是出於神的手，也可能是由其他因素導致時，有些人會要求神顯示一個環境的神蹟，以致能分辨這是否由神而來的旨意。舊約中的基甸，他感到神差遣他從米甸人手裏拯救以色列人這個任務十分艱辛，於是就要求神給他一個證據：把一團羊毛放在禾場上，單是羊毛有露水，而其他地方是乾的；然後他又多求另一個印證：今次要求的卻是單單羊毛是乾的，但其他地方卻有露水（士六36～40）。神就應允了他的請求，也真的藉他拯救以色列人。我自己也有類似的經歷：當日神呼召我入神學院，我求神給我三個環境的印證，神就應允了，並挪開了一些攔阻。神是願意人去尋求祂，也藉此讓人更明白祂的心意。

2 **神的話語**。神的聲音或信息必須與聖經的原則吻合，神不會廢掉自己的話，也不會食言，因此，任何的聲音與聖經不符合，一定不是從神而來的。另外，也小心不要斷章取義，扭曲某節經文的意思去支持錯誤的信息。所以，對聖經有全面的認識和打好系統神學的根基是非常重要的。

3 **神的聲音的權威性**。如何辨別神微小的聲音與自己內在的聲音？魏樂德指出神的聲音帶著一種能力和效能，帶有權威性，而且簡潔清晰。瓊斯（E. Stanley Jones）指出，人內心的聲音與神的聲音，粗略地說，兩者之間的分別就是：「自己內在的聲音會與自己爭辯，嘗試去說服你；而神的聲音是不會爭辯的，也不會嘗試說服你。神的聲音只要一說出來，就已令人知道那是神的聲音，它裏面帶有神的聲音的感覺。」[8] 回看我自己的經歷，有些時候神的聲音是帶有權威性，很清晰知道這是來自神的信息，也有些時候是一種微小的聲音，未必聽得很清楚。那我們可以求神給我們一個環境的印證，以清晰知道這是從神而來的。有一次我讀到以勒基金的陳歐陽桂芬女士的分享：神應允了她為兒子求子的禱告，但她不肯定那是不是真的，於是她求神給她一個印證，希望當天收到她的媳婦從美國的來電，她當晚果然收到媳婦的電話。於是肯定神真的應允了她的禱告，隨後也知道她的媳婦真的懷了孕。

4 **他人禱告的印證**。一個慣常的做法是邀請其他主內弟兄姊妹／導師／牧者為著同一個信息禱告，印證這是從神而來。這也是合神心意的做法，因為神會將相同的信息放在不同的人身上。當耶穌受洗後，天開了，聖靈降臨在他身上，又有聲音從天上來，神也給施洗約翰同一個信息，使他明白：「約翰又作見證說：『我曾看見聖靈，彷彿鴿子從天降下，住在他的身上。我先前不認識他，只是那差我來用水施洗的、對我說：「你看見聖靈降下來，住在誰的身上，誰就是用聖靈施洗的。」我看見了，就證明這是神的兒子。』」（約一32～34） 西面和女先知亞拿都被聖靈感動，得了啟示，知道這位在聖殿中被奉獻的嬰孩耶穌就是神所立的基督（路二26～27、37～38）。如果這個信息是出乎神，合乎真理，由於大家都是同一個主的身體，同領受一位聖靈，得救於同一位耶穌，承認同一位基督作主，也同受洗歸入同一位基督，所以大家都能引證這信息是否出自於神。

5 **內心聖靈的印證**。住在我們裏面的聖靈會印證所領受的信息是否同出於一靈：當懷孕的馬利亞去探訪伊利莎白，伊利莎白所懷的胎就在腹中跳動，「因為你〔馬利亞〕問安的聲音一入我耳，我腹裏的胎就歡喜跳動。這相信的女子是有福的！因為主對她所說的話都要應驗」（路一44～45）。伊利莎白裏面的靈印證馬利亞所懷的胎是主基督。因此，當我們敏銳聖靈的帶領，被聖靈掌管，住在我們裏面的靈會引導我們去分辨真理，「只等真理的聖靈來了，他要引導你們明白一切的真理；因為他不是憑自己說的，乃是把他所聽見的都說出來，並要把將來的事告訴你們」（約十六13）。也使我們知罪，自己責備自己，因為真理的靈「既來了，就要叫世人為罪、為義、為審判，自己責備自己」（約十六8）。並且當我們跟隨聖靈，我們感受的是生命平安的印證（羅八6）。所以，很多時基督徒為某件事禱告後，感到一份從神而來的平安，這可能就是聖靈的印證。起初我們可能不清晰內在聖靈的印證是怎樣一回事，但漸漸多意識聖靈微小的聲音向我們說話，同時我們更認識自己和神，分辨的操練便漸漸變得容易及輕鬆，因為我們已有神的真理和聖靈住在我們心中。

1. Suzanne Farnham, Joseph Gill, R. Taylor McLean, Susan Ward, *Listening Hearts: Discerning Call in Community*, Newly Revised Edition (Harrisburg, PA: Morehouse Publishing, 1991); and Suzanne Farnham, Stephanie A. Hull, and R. Taylor McLean, *Grounded in God: Listening Hearts Discernment for Group Deliberations* (Harrisburg, PA: Morehouse Publishing, 1996).
2. Esther deWaal, *Seeking God: The Way of St. Benedict* (Collegeville, MI: Liturgical Press, 1984), 42, 43, 153.
3. Payne, *Listening Prayer*, 139～140.
4. Payne, *Listening Prayer*, 138～139.
5. Oswald Chambers, *My Utmost for His Highest* (London: S. Marshall, 1942), 18.
6. Frederick Brotherton Meyer, *Secret of Guidance* (Chicago: Moody Press, 1997), 18.
7. Dallas Willard, *Hearing God: Developing a Conversational Relationship with God* (Downers Grove, IL: InterVarsity Press, 1999), 176～178.
8. E. Stanley Jones, *A Song of Ascents* (Nashville, TN: Abingdon Press, 1968), 190.

附錄二

安息真義：從安息享受神的恩典與福氣

休息是透過靜止，使身體從疲勞中恢復過來。這是人類身體的構造。人不能無止境地活動，他需要休息。安息的概念源自聖經：神創造天地萬物，工作了六天，於是到了第七天便歇了一切的工，安息了。由此可見，安息的含義比休息更廣——「安息」不只是身體的休息，還包括身心靈的歇息。

終止工作

「安息」的字根原意是指「分別予神的時間」，即是把工作的時間與非工作的時間分別出來。猶太人的社會很注重休息與遊戲，也就是以讀經、唱歌、跳舞和慶祝，來反省過去六天所完成的工作。正如你完成了一幅美麗的圖畫後，放下畫筆，細心欣賞自己的作品，然後再開始新的創作一樣。如果我們不願意停下來，仍然不斷的畫，恐怕只會把原是美麗的作品醜化了！工作本身是祝福，也是咒詛；同樣遊戲可以是祝福，也可以是咒詛。這在乎我們如何善用它。它也可以成為律例或偶像，把美好的東西變為愁苦的束縛！

現代的工作文化

隨著亞當和夏娃在伊甸園的墮落，大地因而受了咒詛。他們和他們的後裔必須終身勞苦，才能從地裏得吃的，地必給他們長出荊棘和蒺藜來，他們必汗流滿面才得糊口，直到他們歸了土（參創三17～19）。從此，工作成為人類生存的目標。為了使將來得到保障，我們漸漸沉溺於工作。於是，過量的工作成為了現代社會的趨勢，安息的概念漸被遺忘，也成為不合流的思想。

安息是神的一份禮物

安息是神的誡命，也是神對人類的邀請，能化解工作的咒詛。安息是一種新文化：所注重的，不再只是我們的工作能力，也注重我們的休息和遊戲。因此，生活不只是付出，也是享受。工作不再是生命的惟一目標，人類不再是為工作而工作；生命不再是只為了完成每一項已設定的任務，而是欣賞我們未能完成的部分，把它成為送給神的一份禮物。安息連結了我們與神的關係，也連結了工作與生命的關係。人類不再成為工作的奴僕，當我們做了該做的事情時，不妨騰出一個空間，邀請神參與我們不能做到的部分，並一起欣賞和享受最後的成果。於是，工作便成為了一種樂趣，成為人類和神共同參與「完成」的渠道！

不再是時間的主人

安息的真正意義是要我們確認自己不再是生命的主人，時間也不盡在我們控制之下。我們的時間實在是神的時間，我們只是被邀請暫居其中。安息也就是活在神的時間、旨意和應許之中，當我們面對人生無盡的要求和工作時，我們可以從此找到生命的重心，不再被外在的環境所控制。無論面對逆境或順境，我們仍能享受神所創造的美麗世界，也能欣賞工作或生活中片刻的樂趣！

優質的生活

安息的生命是集中的，讓我們能夠在眾多煩擾的世務中騰出空間來給予神，從中去訂立自己的方向；並且放下很多緊急的事務，集中應付重要的事情，不再滿足所有的要求，而是不斷甄選，放下那些不屬於我們的事情。

我們曾經也被繁忙的雜務所困擾——發現有太多想做的事情，卻無法全部應付——於是家中也開始排列著一堆又一堆等待去完成的事情。我們的空間就是這樣不知不覺地，被這些想做而未能做的事情所蠶食。於是，生活愈來愈有壓迫感，我們好像帶著永遠追不上的感覺，與時間競賽！安息讓我學習去抓緊生命的重心和定位，然後集中力量，讓其他不重要的事情輕輕溜走，不再強迫自己去做那些不能做的事情——如同把生命畫上一個外在的邊框，把重要的事情與不重要的事情分開，保護內在生命的素質，讓我們不再成為外界的俘虜。

生命的休止符和逗號

安息不只是遵守安息日的意思——放下六天繁忙的工作，星期天休息來敬拜。其實，安息是一種生活的形態：在每天繁忙的工作中，加上一些流動的空間。正如一篇美妙的樂章中的休止符；或一篇文章中，在尚未完整表達意思的句子後面加上的逗號——給你提供一個喘息的機會，也讓你預備一個空間去接收下一個信息或音符。試想想：若沒有這個空間，整個信息和音樂只會變成密集的噪音，令人變得煩躁，也無法分辨事情的重要性。我們曾經要求提高自己的工作效率，認為無謂的遊蕩和不工作是浪費時間。因此，我們往往為了想減少無謂的遊蕩，而為此耿耿於懷，這反而影響了工作效率。最後，當我明白遊蕩也是工作的一部分，是給與自己一個空間去承接下一個思想時，我的工作模式不但沒有減低效率，反而增加了創意，並且使工作更有樂趣。

放下「應該」和「一定」

安息的生活形態也是互動和容讓彈性空間的存在，好讓神參與其中。須知道：我們的想法和時間表未必是最好的。當我們看事情為「一定」、「應該」的時候，這不但替自己增加了無比的壓力，而且還影響了工作的效果和效率，限制了創意的發揮和生命的拓展。

生活往往是漸進式的，沒有甚麼是「一定」最好，因為總有更新更好的構思。且讓我們給自己留下一個空間，藉此去探索神的心意，並且使創意可以發揮得淋漓盡致。減少壓力，生活便可以充滿更多的驚喜！

寫於二〇〇一年十一月
曾刊登於《加拿大真理報》、《天倫樂》及
《廚房以外：雅比斯的禱告》